스와미 웨다 바라띠 Swami Veda Bharati

스와미 웨다 바라띠는 5,000년 역사의 산스끄리뜨어를 구사하는 철학자다. 1933년 인도 데라둔에서 태어난 그는 아홉 살 때 파탄잘리의 수뜨라 주석을 가르치기 시작했고 열한 살 때에 요가 경전을 가르쳤다. 그가 열세 살 되던 해, 여러 학자들이 경전에서 유래된 수많은 만뜨라의 해석 능력을 시험했는데 전혀 막힘 없이 풀어냄으로써 그의 천재성을 드러내었다.

1952년부터 1967년 사이에 그는 아프리카, 인도 서부와 세계 각지에서 여러 조직에 헌신하였다. 1967년부터 1973년 사이에 그는 미국 미네소타 대학에서 산스끄리뜨 교수로 봉직하였으며 그 대학에서 최우수 교수상을 수상하였다.

1969년에 스승인 히말라야의 스와미 라마를 만난 후 특별한 입문을 받았는데, 그 입문은 가장 높은 경지의 입문의식으로서 결혼한 사람에게 거의 주어지지 않는 것이었다. 그후 그는 세계 각지에 명상그룹과 명상센터를 세우기 시작하였다. 그 결과 현재까지 미국, 캐나다, 유럽, 남아프리카, 동남아시아, 한국, 말레이시아, 타이완, 싱가포르, 중남미 등에 센터가 건립되었다. 동양과 서양의 문헌에 통달한 그는 여러 나라의 명상센터에서 각자의 종교 전통에 맞춰 수행할 수 있는 명상법, 역사 및 철학 등을 가르치고 있다.

영적 지도자이면서도 뛰어난 학자인 그는 연구서 및 시를 출간할 뿐만 아니라 17개 국어를 구사하여 다양한 언어로 명상을 인도하고 있다. 그의 모든 지식은 요가 니드라 수행을 통한 직관에 바탕을 두고 있으며 이를 통해 그는 1965년부터 1967년까지 짧은 기간에 석사 및 박사 학위를 받을 수 있었다.

1996년 그의 스승 스와미 라마가 육체를 버린 이후 스와미 웨다 바라띠는 리쉬케쉬의 아쉬람 책임자로 승계되었고 또한 인도 북부, 데라둔에 25만 평부지에 세워진 히말라야 병원재단의 영적 지도자로 선임되었다.

1999년 3월 그는 인도의 30여 명의 최정상 스와미 중 한 사람으로서 마하만달레쉬와라Mahamandaleshwara 칭호를 받았다. 영적 활동이나 학문적 활동 외에도 그는 구호재단인 'KHEL'을 창립하여 400여 명의 음성 나환자 자녀들의 교육, 의료혜택 및 영양급식을 돕고 있다.

현재 히말라야 병원재단 및 대학의 총장인 스와미 웨다는 히말라야 가르침의 전통을 따르는 국제 조직인 아힘신(AHYMSIN: Association of Himalayan Yoga Meditation Societies International: 국제 히말라야 명상요가 협회)의 영적 지도자다. 이 전통의 수행을 원하는 사람이면 누구든지 이 조직을 통하여 영적 생활에 접근할 수 있다.

저서
1분의 명상여행(Sayings)(꿈꾸는 돌)
만개의 태양(아힘신)
Ritual Songs and Folksongs of the Hindus of Surinam
Superconscious Meditation
Mantra and Meditation
Philosophy of Hatha Yoga
Meditation and the Art of Dying
Commentary on the Yoga Sutras of Patanjali, Vol.I
Samadhi Pada

GOD
구도자의 길

GOD
지은이 스와미 웨다 바라띠
옮긴이 김기태
편 집 아힘신 편집부

초판 1쇄 인쇄 2011년 7월 5일
초판 1쇄 발행 2011년 7월 15일

펴낸이 최경훈
펴낸곳 아힘신
주 소 강원도 원주시 개운동 28번지 현대홈타운 102-2202
전 화 033)748-2968 **이메일** ahymsin.korea@gmail.com
등록번호 제 419-2007-000002호 **등록일자** 2007년 1월 23일

GOD by Swami Veda Bharati
ⓒ1979, 1987 by The Himalayan International Institute of Yoga Science and Philosophy of U.S.A.
This translation is published by arrangement with Himalayan Institute Press through Hagenbach & Bender GmbH and The Agency, Literary Agency.
이 책의 한국어판 저작권은 더 에이전시를 통해 저작권자와 독점 계약한 도서출판 아힘신에 있습니다.
저작권법에 의해 한국 내에서 보호를 받는 저작물이므로 무단전재와 복제를 금합니다.

ISBN 978-89-959194-2-2
※책값은 뒤표지에 있습니다.

구도자의 길

아힘신

서문

 요가 베단따적인 신의 개념을 설명한 이 에세이 모음집은 여러 곳에서 강의한 내용을 편집한 것입니다. 이 책을 읽는 사람은 한 장과 다음 장을 이어주는 이해의 연결고리를 찾는 데 자신만의 지혜가 필요할 것입니다. 거기에서 자발적인 영감과 우리가 과거부터 지금까지 전개해온 신에 대한 주제의 논리 사이에서 어느 한쪽을 선택해야 할 수도 있기 때문입니다. 마지막 장은 일반 독자들에게 약간 무겁고 복잡할 수도 있습니다. 그러나 앞의 장들을 주의 깊게 읽는다면 이해할 수 있을 것입니다. 이것을 완전히 받아들이려면 하나하나의 구절을 여러 번 묵상하며 천천히 읽어야 합니다.

 이 책을 출판하는 자체가 책의 토대가 되는 지각 대상인 신의 관념에 모순된 것입니다. 당신이 신을 접하지 못했다면 신에 대해 말할 수 없습니다. 당신이 신을 정말 안다면 또한 신에 대해 말할 수 없습니다. 그 대신 이 책의 유일한 용도로 여기 있는 생각이 신을 알고자 하는 소망을 많이 일으키길 희망합니다.

테이프를 받아 옮기고 편집하고 타이핑하는 데 많은 시간을 보낸 높은 의식을 지닌 헌신적인 학생들과 구성원들에게 감사합니다. 여러 장을 편집해준 존경하는 친구, 가톨릭 신부이자 박사인 워드 나이츠Ward Knights에게 특별한 감사를 보냅니다.

이 책의 모든 충만함은 구루의 은혜에서 비롯된 것이며, 모든 결점은 나의 것입니다.

차례

서문 5
들어가기 9

제 1 장 신을 찾아서 11
제 2 장 신 안에 산다는 것 43
제 3 장 어머니 여신의 눈길 89
제 4 장 내면의 신 133
제 5 장 창조의 틀 171

들어가기

 하나의 동일한 실체의 이름은 수없이 많고 그에 이르는 길은 다양하다. 어떤 이는 신이라 부르고, 다른 이는 진리라 부르며, 또 다른 이는 영원한 행복이라 부른다. 내게 신은 진리이며 과거, 현재 그리고 미래의 모든 시간에 존재한다. 진리는 스스로 존재한다. 태어난 적이 없기에 죽지도 않는다. 그것은 빛과 사랑의 근원이다. 신은 궁극의 진리이므로 진리를 모르면서 신을 찾는 것은 헛된 일이다.

 사람은 살아 있는 생물들 중 가장 뛰어나지만 여전히 완벽함을 추구하고 고통과 불행, 재난으로부터 자유를 갈망하는 불완전한 존재다. 이 불완전함이 진리의 깨달음을 추구하도록 만든다. 진리는 안에도 있고 밖에도 있다. 따라서 자기 내면의 진실을 깨달음으로써 직접 진리를 얻는 것은 가능한 일이다.

마음과 말과 행동으로 진리를 추구할 때 이번 생에 진리를 얻을 수 있다. 그것은 또한 이기심 없는 행동과 기도와 사랑 그리고 순수한 직접 경험을 통해서도 얻을 수 있다.

여러 종교 철학에 따라 다양한 신의 관념이 있다고는 해도 어떻게 한 사람의 마음을 하나로 규정하고 신이라 부르는지 난 알 수 없다. 신은 규정할 수 있는 존재가 아니다. 신은 힘의 힘이며, 그 힘은 발현하는 모든 존재의 근원이다. 이것을 알아차릴 때 사람은 무지의 어둠에서 벗어나 그 진리를 깨닫는다.

신은 깨달음을 추구하는 자들에게 궁극의 실체를 발견하도록 영감을 줄 것이다.

스와미[1] 라마 Swami Rama

---

[1] 본래 '왕'이나 '주인'을 뜻하는 말이지만, 현재는 주로 힌두교의 종교인, 특히 식자층 브라만이나 수행자 등을 가리키는 존칭으로 쓰인다. 보통 고유명사 앞에 붙인다.

제 1 장

신을 찾아서

신이시여, 당신을 경배하기 위하여 모으지 않는 두 손이라면 차라리 없는 것이 낫습니다. 무엇을 보든지 그 안에 깃든 당신을 보지 않는 눈이라면 없는 것이 낫습니다. 당신이 깃들지 않은 말을 듣는 귀라면 없는 것이 낫습니다. 당신을 찬양하는 노래가 담겨 있지 않은 말을 하는 입이라면 차라리 그 혀를 멈추게 하여 주시옵소서. 제 마음 안 모든 생각의 빛은 당신의 섬광으로부터 온 것입니다. 신이시여, 만일 제 마음속에 있는 섬광이 당신의 빛이라는 것을 모른다면, 그런 마음을 제게서 거두시고 제 안에 직접 오셔서 머물러주소서.

무신론자에게 신이란 자신이 진정으로 찾고 있으면서도 자신이 찾고 있다는 사실을 모르는 그런 존재입니다. 당신이 술에 매달릴 때 당신은 신을 찾고 있는 것입니다. 화나고 낙담했을 때 당신은 신을 찬미하고 있는 것입니다.

슈퍼맨 만화를 살 때 당신은 자신보다 큰 누군가를 찾고 있는 것입니다. 그가 신입니다. 당신이 고통과 자기 연민을 치유하기 위해 혼자 조용히 생각에 잠길 때 당신을 신에게로 부르는 무언가가 당신 안에 있는 것입니다. 당신의 몸짓이 여럿의 몸짓에 녹아들 수 있도록 춤추는 군중을 찾아 나설 때 당신은 한데 모인 영혼을 찾는 것이며, 그것이 신입니다. 당신이 연주하는 플루트 소리가 오케스트라 소리에 녹아들 때 당신의 의식이 전의식 속으로 녹아드는 것이며, 그것이 신입니다. 이것이 신을 찾는 자신을 아직 인정 못하는 무신론자의 신입니다.

신이 있는지 없는지는 모르지만, 진실을 추구하기 때문에 신을 탐구한다는 사실은 인정하는 불가지론자의 신도 있습니다. 신을 찾기 전에 신의 존재 진위를 밝히려 합니다. 그것도 신을 찾는 것입니다.

지식인, 신학자, 철학자의 신도 있습니다. 그들은 조심스레 선택된 단어를 쓰고 매우 분명한 용어를 사용하는 듯하지만, 그들이 신학자이거나 철학자였을 때 분명해 보였던 것들도 훗날 신앙이 깊어지면 그리 분명하지 않다는 것을 깨닫게 됩니다.

열정적인 사람, 박타*bhakta*[1]의 신도 있습니다. 최근에 아주 친한 사람이 "슬퍼서 울고 싶을 때는 어떻게 해야 하나요?"라고 물었을 때 나는 이렇게 대답했습니다.

"인류사의 성자, 또는 동서양의 위대한 영혼들 중에 신에 대한 어떤 깨달음을 얻기 전 통곡하는 경험을 갖지 않고 자기의 염원을 이룬 사람을 상상이나 할 수 있겠습니까?"

눈물을 억압하는 문명이나 가족은 신의 적입니다. 울고 싶거든 그것이 궁극을 향한 감정, 곧 박티*bhakti*[2]가 되게 하십시오. 왜 사람들 앞에서 웁니까? 왜 혼자 숨어서 웁니까? 당신의 기쁨, 고통, 아픔, 즐거움, 열망, 충만 그 모든 감정이 한 존재에게로 향할 때 박티가 됩니다. 초기 기독교의 신은 박타의 신으로 한 존재에 헌신하는 신입니다. 박타들은 신을 인격적인 존재로 여깁니다.

이제 베단따[3] 철학의 관점을 말하고자 합니다. 무신론자와 불가지론자의 신 너머에, 지식 있는 자와 헌신하는 자의 신 저 너머에 인격을 초월한 신이 있습니다. 비인격적인 신이 아니라 인격의 한계를 넘어선 신입니다. 우리는 초월적인, 사람의 인지범위를 넘어서는 신을 알아야 합

---

[1] 사랑과 헌신을 목표로 삼는 수행자.
[2] 강렬한 내면의 헌신과 사랑으로 수행함.
[3] 인도 철학의 정통 6파 철학의 하나로서 가장 근대적 힌두학파의 토대를 이루는 철학체계.

니다. 또한 신이 뿜어져 나온 것이 우주라는 사실을, 신이 모든 것에 내재함을 이해해야 합니다. 우리는 신이 전 우주의 집단의식, 아니 그 이상의 의식임을 이해해야 합니다.

모든 사람은 신과의 관계에서 비실재성을 느낍니다. 그것은 대단히 생경한 느낌입니다. 우리 존재에는 늘 무언가 다른 것을 찾는 부분이 있습니다. 저 멀리의 어떤 것을 찾기 때문에 절망하여 욕망을 포기하고, 언제고 더 이상 찾아 헤매기를 그만둘 때가 올지 우리는 스스로 의구심을 갖습니다.

요가 안에서는 찾기를 멈춥니다. 요가의 가르침을 따르는 사람들은 교리를 말하지 않습니다. 그 대신 자신의 마음을 정화하고 내면의 신을 찾습니다. 기도는 찬미·찬양*stuti*, 소원·소망*prarthana*, 그리고 신에게 가까이 있기 *upasana* 중 마지막 단계가 요가를 따르는 사람들의 것입니다. 신의 본성에 대해 무슨 말을 하든 그것은 신의 실재를 체험한 개인의 경험에서 비롯된 것입니다. "나는 신을 보았습니다. 당신도 볼 수 있습니다." 이렇게 확신을 갖고 말합니다.

신에 관해 설명하자면 부서져버린다고 말할 수 있습

니다. 다른 모든 의식 상태와 마찬가지로 초의식 상태도 하나의 초의식의 변형이므로 설명할 수 없는 것입니다. 금으로 만든 팔찌와 귀고리의 가치가 원석인 금의 가치에서 비롯하듯, 여타 의식 상태의 가치는 제한적이기는 하지만 초의식 상태의 가치에 기인한 것입니다.

우리에게는 선택권이 있습니다. 우리는 신에 대해 마치 그분이 여기 있는 것처럼, 아니면 저 멀리 있는 것처럼 말할 수 있습니다. 오늘날 많은 신학자와 철학자 그리고 종교인들은 신이 저 멀리 있는 듯 말합니다. 그들은 사람들에게 신을 향해 손을 뻗으라고, 신을 구하고 신에게 기도하고, 신에게 다가가라고 충고합니다. 그러나 당신이 기도하러 교회나 신전, 또는 어디를 가든 당신은 그야말로 목욕탕에 앉아 있는 것 이상으로 신에게 가까워지지 않습니다. 신에 관한 한 교회의 연단과 목욕탕 사이에 어떠한 차이도 없습니다. 우리의 자각에, 신에 대한 의식에 유일한 차이가 있습니다. 그러나 궁극적으로는 당신이 앉아 있는 곳이든 내가 앉아 있는 곳이든 모든 곳이 매한가지입니다.

신의 본성과 신이 머무는 곳에 대한 의문을 고찰하고자 하는 사람들은 고대 경전 〈만두꺄 우빠니샤드〉[4] *Mandukya*

---

[4] 베다 시대의 초기 우파니샤드. 신비한 브라흐만의 영역을 의식의 네 가지 상태에 대한 단계적인 설명을 통해 기술하고 있다.

Upanishad〉를 읽으면 도움이 될 것입니다. 이는 원래 열 혹은 열하나의 주요한 우빠니샤드 중 하나입니다. 한 페이지 반밖에 안 되는, 가장 짧은 우빠니샤드[5]이며, 신을 표현한 가장 간결한 문장 중 하나입니다. 이는 세 개의 음 'a', 'u', 'm'의 결합, '옴'에 대한 설명입니다.

〈만두꺄 우빠니샤드 *Mandukya Upanishad*〉에 따르면 'a-아'는 존재와 의식의 한 단계인 깨어 있음을 이릅니다. 'u-우'는 존재와 의식의 다른 단계인 꿈을 말하며, 'm-ㅁ'은 존재와 의식의 세 번째 단계인 잠을 이릅니다. 전통과 경전에 따르면, 당신이 '옴'을 발성한 뒤에 소리를 내지 못한 반 음절이 남아 있습니다. 그것이 네 번째 단계, 즉 초의식 상태입니다. 초의식을 공부하는 데 한 생애가 넘는 시간이 걸릴 것이며, 깨닫는 데는 여러 생의 시간이 걸릴 것입니다.

다른 〈우빠니샤드〉에서도 신에 대한 문구를 찾을 수 있습니다. 그중 가장 익숙한 것이 "네띠, 네띠"(*Neti neti*: 이것도 아니요, 저것도 아니다)입니다. 따라서 위대한 참나 외 다른 것은 없다는 단일성, 통일성을 이해하는 것이 곧 신을 이해하는 것입니다. 우리는 또한 〈우빠니샤드〉에서 다음의

---

[5] 기원전 6-7세기경 즈음부터 형성되기 시작한 고대 인도의 철학서. 베다의 일부이자 그것의 해석서로 출발한 것으로 보인다. 힌두교의 철학과 종교 사상의 원천을 이루며 사람, 신, 우주의 이치를 밝힌 것으로, 우주적 실체인 브라흐만과 인간 내면의 자아인 아뜨만의 궁극적 일치를 주장한다.

문구를 읽을 수 있습니다.

Sarvam khalv-idam brahma
현상계의 모든 것이 브라흐만[6]이다.
- 〈찬도갸 우빠니샤드 Chandogya Upanishad〉 Ⅲ. 14. 7

Ekam-evadvitiyam
세상에는 둘도 없는 오직 하나의 브라흐만이 있다.
- 〈찬도갸 우빠니샤드 Chandogya Upanishad〉 Ⅵ. 2. 1

Mrtyoh sa mrtyum apnoti
Ya iha nameva pashyati
죽음에서 죽음까지 일생 동안 사람은 마치 수많은 현상이 있는 듯 여기며 세상을 살아간다.
- 〈까타 우빠니샤드 Katha Upanishad〉 Ⅳ. 10

수많은 현상들이 상호작용하는 세계에 살면서 하나의 브라흐만을 이해하는 것이 어떻게 가능할까요? 인간의 마음이 인간의 마음인 채로 머물면서 동시에 신을 이해하기

---

[6] 우주의 궁극적 실체, 우주적 자아, 최고의 존재, 두루 퍼져 있는 우주적 기운.

는 불가능합니다. 오직 인간의 마음이 유한한 인간성에서 벗어나 신의 마음이 될 때 당신도 신의 마음을 이해하기 시작할 수 있습니다. 내 마음만을 고집한다면, "나에게는 개성이 있고, 내 마음이 있고, 성격이 있다."고 말한다면 신을 이해하려는 모든 희망을 포기하십시오. 그리고 신을 알고자 하지 않는다면 신을 믿지 말라고 하고 싶습니다. 앎을 통해 믿음을 가진 사람이라면 누구라도 무지하게 믿는 사람에게 신을 믿지 말라고 말해야 합니다. 무지한 믿음이 너무나 많은 혼란과 전쟁의 원인이 되었기에 무지하다면 어떤 믿음도 갖지 않는 게 낫습니다. 이런 이유로 요가수행자가 다른 사람들에게 하는 첫 번째 가르침은 "신을 직접 체험하려는 마음이 없다면 신을 믿지 마라."입니다.

신의 이야기를 시작하기 전에 한 가지 제안을 하겠습니다. 지금 당신의 모든 선입견을 버리십시오. 내가 '신'이라 말하면 당신은 무슨 생각이 듭니까? 그 생각을 떨쳐버리십시오. 선입견이 없는 마음으로 시작하십시오. 이제부터 영원히 완전한 백지상태로 시작하십시오.

나는 전생에 신에 대한 자기들만의 해석을 갖고 있었던

인도의 한 집단에서 태어났습니다. 그들을 위해 내 전 생애를 바친 후 사직하는 글을 보냈습니다. 전생의 마지막 몇 년 전에 인도에 갔을 때 옛 동료들을 만났습니다. 그들은 내게 이렇게 물었습니다.

"당신은 더 이상 신에 대한 우리의 관점이 옳다고 믿지 않습니까? 당신은 우리 믿음이 진실이 아니라고 생각합니까?"

나는 이렇게 답했습니다.

"지금 여기서 내가 믿는 것은 오직 내가 무지하다는 것뿐입니다. 내가 충만한 자각을 얻어야만, 오로지 신에 대해 가능한 한 충만한 지식을 얻어야만 당신에게 나의 믿음이 무엇인지 말할 것입니다."

그러나 한 가지 문제가 있습니다.

Shivam na janami katham vadami
Shivam ca janami katham vadami
나는 신을 모릅니다. 어찌 그에 대해 말할 수 있겠습니까?
나는 신을 압니다. 어찌 말로 표현할 수 있겠습니까?

교회 연단에 서는 사람들 중 몇이나 신에 대해 말할 권한이 있을까요? 신을 모른다면 신에 대해 말할 자격이 없습니다. 반면, 신에 대한 직접적인 지식을 갖게 됐을 때는 그 지식과 그분에 대해 말할 방법이 없습니다. 당신의 마음을 쓰나미처럼 휩쓸고 가는 그 실체를, 참지식을, 경험을 표현할 수 있는 말을 찾을 길이 없습니다. 그 거대한 물결이 당신을 스치고 가면 당신은 새로운 존재가 됩니다. 우리는 전생을 기억할 수 없습니다. 우리가 신과의 관계에서 할 수 있는 유일한 것은 우리 자신이 지식과 진실 그리고 진실에 대한 지식에 전념하는 것입니다.

그러니 신을 안다는 의미를 실제로 알고 싶어진다면 진리에 속한 지식에 헌신하십시오. 사실은 신을 알고 싶은 것이 아니라 신에 관한 진실을 알고 싶은 것이지만, 신을 알고 그것이 어떤 것인지 알기에 다른 어떠한 욕망이 없는 상태가 있습니까? 모든 욕망이 충족된 상태가 있습니까? 더 이상 목표도 성취할 것도 없고, 느끼고 싶은 감동도 없는 때가 있습니까? 아쉬움도 원도 없는, 욕망과 바람이 모두 완성된 오롯한 의식의 상태가 있습니까? 그런 상태가 존재합니까?

또한 이런 것을 탐구하는 우리의 동기를 확실히 알아야 합니다. 왜 이런 책을 읽습니까? 무엇이 신에 대한 책을 보도록 만들었습니까? 당신 안에서 질문하고 있는 그것은 무엇입니까? 그 질문과 당신은 어떤 관계입니까? 당신은 단지 그런 실재가 실제로 존재하는지만을 알고자 합니까? 두 번째로 얼마나 간절히 이러한 실재에 대해 알기 원합니까? 신에 대해서는 나중에 논할 것입니다. 우리 자신에 대해 먼저 이야기해봅시다. 이 실재를 얼마나 알고 싶은가요? 정말 알기를 바랍니까? 만일 그렇다면 당신 삶의 모든 에너지의 흐름을 그 방향으로 흐르게 해 모든 행동과 지각으로 진리를 깨닫도록 해야 합니다.

완전히 몰입하지 않고서는 신을 알 수 없습니다. 손쉽게 반은 물질세계에 몸담고, 나머지 반은 신의 세계에 머물 수는 없습니다. 신은 모든 것입니다. 신은 완전함이며, 절대입니다. 앞의 질문에 완전히 몰입하지 않으면 신을 알 길이 없습니다. 당신 인생의 모든 소망이 진리를 아는 것이라면, 당신 손끝으로 느껴지는 모든 경험이 스치는 촉감 하나까지도 신과의 소통으로 받아들인다면, 당신 입으로 들어가는 한 조각 음식을 모두 신에게 바치는 봉헌으로 여긴다면, 누구를 포옹하더라도 그것이 당신 마음속에서 신에게 헌신하는 것이라면, 당신이 왼쪽으로 돌든 오른쪽으로 돌든 그것이 신을 향한 것이라면, 올라갈 때나 내려갈 때나 신을 향해 오르고 내리는 것이라면, 당신이 완전히 그 신을 탐구하는 데 몰입한다면 신을 경험할 희망이 다소 있습니다. 그러기 전에는 불가능합니다. 아니, 당신은 시간과 공간과 인과관계로 제한된 인간의 마음이라는 하나의 관념만을 고집합니다.

당신은 신의 이름이 'G-O-D=GOD(신)'이라 생각합니까? 그런 이름은 없습니다. 신을 체험할 때는 이름도 설명도 없습니다. '신'이란 단어가 신이라면, 단지 설탕이라 말만 하면 입안에 달콤함을 느낄 수 있고 차에 더 이상 설탕을 넣을 필요가 없어야 합니다. 찻잔에 대고 설탕이라 주문을 외기만 하면 차가 달콤해집니다. "신이시여, 신이시여!" 말로 떠들어서 신을 만날 거라 생각한다면, 소금이란 말로도 수프의 간을 맞출 수 있을 테니 더 이상 수프에 소금이 필요 없을 것입니다.

신을 영접했던 사람들은 오직 온전한 몰입을 통해 그렇게 할 수 있었습니다. 다음은 요기[7]들이 자주 암송하는

---

[7] 요가 수행자. 일반적으로 수행자 전반에 통용되는 말이지만 구별해서 쓸 경우, 요가 체계를 따라 수행하는 구도자를 가리킨다.

기도문입니다.

> 쉬바 신이시여,
> 당신은 참된 나입니다.
> 나의 지성은 당신의 아내,
> 나의 호흡은 당신의 시종,
> 나의 몸은 당신의 사원입니다.
> 나의 오감을 통한 모든 지각은
> 당신께 드리는 예배이오니,
> 내 눈을 뜨는 것은 당신의 제단에 초를 켜는 것이며,
> 내 귀로 듣는 것은 사원의 종을 울리는 것입니다.
> 나의 잠은 당신의 영원한 명상,
> 나의 걸음걸음은 당신의 제단을 도는 기도,
> 내가 하는 모든 말은 기도의 찬양,
> 내가 하는 모든 행동은 당신께 바치는 예배입니다.

삶이 이 기도와 동떨어져서는 안 됩니다. 숨을 쉴 때마다 신에 대한 묵상을 되풀이해야만, 모든 지각이 하나의 원천에서 온다는 사실을 깨달아야만 당신은 신을 탐구하

는 자요, 신에게 헌신하는 자이며, 오직 그래야만 신을 만날 수 있습니다. 신을 만난 모든 사람은 이런 온전한 몰입을 통해 만난 것입니다.

신에 대해 설명하는 가장 훌륭한 말은 침묵입니다. 언어의 침묵, 마음의 침묵입니다. 마음이 완전히 침묵할 때 그것이 신의 이름입니다. 마음속에 시간과 공간과 인과에 속박된 사물, 사람, 경험, 관계, 기억, 인상, 그 어떤 것에 대한 자각도 없을 때, 마음이 그 모든 것에 대해 완전히 침묵할 때, 이름도 형태도 마땅한 수식어도 없고, 설명할 수도 없는 그것이 신의 이름입니다.

당신이 입을 벌려 '신'이라 말할 때 그 소리는 공간과 시간의 지배를 받습니다. 그것은 신의 이름이 아닙니다. 의식이 모든 장애와 경계를 허물어버릴 때 만나게 되는 것, 그것이 신입니다. 인생의 모든 경험과 현재 당신이 지각하는 모든 것을 헤아려보십시오. 지금 당신이 지각하고 있는 것이 얼마나 됩니까? 마음속으로 그것들의 이름을 불러보십시오. 당신이 지금 무엇을 경험하든, 어떤 생각이 일든, 그 모든 지각과 생각 그리고 경험은 어떤 식으로든 다소간의 사물 또는 시간, 장소, 과정에 제한을 받습니다.

당신은 그 한계를 벗어날 수 있겠습니까? 당신은 자신을 제한하는 그 습관을 바꿀 수 있겠습니까? 시간과 공간 또는 과정 같은 것에 제한 받지 않고 어떤 일을 할 수 있습니까? 그 가능성을 묵상해보기를 권합니다. 당신이 듣는 말, 마음속에 일어나는 생각, 몸에 대한 자각, 감각과 호흡, 또는 생각에 대한 자각 등 지금 경험하는 모든 것을 헤아려보십시오. 그 모든 것 중 특정한 시간과 공간 또는 인과과정에 제한받지 않는 것을 찾았습니까? 아니라면 묵상을 멈추고 다른 것으로 의식을 옮기십시오. 그런 다음 그것도 잘 관찰하십시오. 시간과 공간 그리고 인과과정의 제약으로부터 자유로운 것을 찾았습니까? 한계가 없는 것을 찾았다면 당신은 의식의 최상 상태에 든 것입니다. 그렇지 않고 여전히 시간과 공간, 인과에 매여 있는, 다음 경험, 다음 생각을 찾고 있다면 당신은 아직 신의 의식으로부터 멀리 떨어져 있는 것입니다.

그러면 신의 의식은 어디 있습니까? 어떻게 당신의 마음을 완전한 침묵에 들게 해 경계가 있는 것, 또는 시공과 인과과정의 시작과 끝이 있는 것들이 일어나지 않게 할 수 있습니까? 인생에서 몇 번이나 그 같은 경계가 없는 실체를 경험하고 접해보았습니까? 그렇게 될 때마다 당신은 신에게 다가선 것입니다.

  많은 사람들이 앎 없이 믿음만으로 기도합니다. 어떤 사람들은 믿음도 없이 기도합니다. 믿음이라도 갖고 기도할 때 당신은 '저기' 있는 어떤 것에 닿으려 하는 것입니다. 신의 의식에서는 멀리 있는 것도, 얻어야 할 것도, 이뤄야 할 것도 없습니다. '저기'는 없으며, 당신이 어디 있든, 모두 여기, 당신이 머무는 곳에 있습니다. 따라서 당신으로부터 동떨어진 어딘가의 신에게로 가야 한다고 생각한다면 그 관념은 버려야 합니다.

  신을 향한 움직임은 당신이 위아래 또는 안과 밖으로 가리킬 수 있는, 외부로 향한 움직임이 아닙니다. 명상을 수련하는 많은 사람들은 신이 내부에 있다 말합니다. 그것도 완전한 말은 아닙니다. 우리는 상대적인 세계(반대 개념이 있는 세계)에 살고 있기 때문입니다. 우리가 단어를 사용할 때는 반의어를 연상합니다. '안'이라 말할 때 마음 뒤편 어딘가에서 '밖이 아닌'이라고 듣습니다. 이것은 그릇된 것입니다. 위도 아래도 아니고, 안도 밖도 아니며, 저기도 여기도 아닙니다. 이러한 개념 중 어떤 것도 신에 해당하지 않습니다. 그래서 다시 말하지만, 신에 대한 공부를 시작하려면 우선 각자가 이미 신에 대해 갖고 있던 모든 개념을 버려야만 합니다. '신'이란 말에서 마음속에 떠오르는 뭔가가 있습니까? 그렇다면 그것을 버리십시오.

바다에 떠다니는 해면이 있다면, 그 해면에게 바다는 어디 있습니까? 해면은 바다를 찾기 위해 어디로 가야 할까요? 안? 밖? 더 큰 해면에게 가서 "스승님, 바다는 어디 있습니까?" 물을까요? 스승 해면은 학생 해면에게 "밖이 아닌 안, 아래가 아닌 위, 당신 안이 아닌 주변을 보세요."라고 말할까요? 바다 전체를 의식하는 본성은 무엇일까요? 해면은 바다에 대한 어떤 관념을 갖고 탐구를 시작해야 할까요?

인도에 한 개구리에 관한 이야기가 있습니다. 미국식으로 말해보겠습니다. 커다란 호수에 살던 한 개구리가 소들이 많은 시골 농장에 왔습니다. 소들이 지나가면 발자국이 남고, 비가 오면 땅 위에 남겨진 그 발자국에 물이 찼습니다. 한 작은 올챙이가 이 발자국 웅덩이에서 태어났습니다. 발자국 웅덩이에서 난 개구리가 커다란 호수에서 온 개구리를 만나 물었습니다.

"어디 살아?"

"커다란 호수에 살아."

"그게 어디 있는데?"

"아주 멀리."

"거기엔 물이 많아?"

"그럼, 아주 많지."

"이 발자국 웅덩이만큼 커?"

"이것만큼 크냐고? 무슨 소리! 이것보다 훨씬 커."

"저것보다도?"

"당연하지!"

발자국 웅덩이의 개구리는 한 웅덩이에서 다른 발자국 웅덩이로 뛰어가 물었습니다.

"이만큼 커? 난 너의 그 커다란 호수를 뛰어넘을 수 있어!"

"아니, 아니. 그만큼이 아냐. 그보다 훨씬, 훨씬 더 커."

그래서 개구리는 발자국에서 다음 발자국으로 열 번쯤 뛴 다음 커다란 호수에서 온 개구리에게 물었습니다.

"이만큼?"

"아니. 그건 호수에 비하면 아무것도 아냐."

"그렇다면 넌 거짓말쟁이야. 세상에 그런 곳은 없어!"

먼저 신을 찾고자 하는 우리의 동기가 무엇인지 분명히 할 필요가 있습니다. 그다음 신에 대해 우리가 가진 모든 관념을 버려야 합니다. 내가 신에 대해 어떤 암시를 하더라도 그것은 거짓입니다. 내가 하는 어떤 말도 불완전한 것입니다. 신에 대해 하는 모든 말은 무의미합니다. 끊임없이 신에 관련한 책을 읽는 것도 의미 없습니다. 마음을 분명히 하는 것만이 의미가 있습니다. '나는 무엇을 원하는가?', '나는 신을 알기를 원하는가?'.

당신이 진심으로 신을 알기를 원한다면 이 책을 읽을 필요 없습니다. 당신 안에 신을 알고자 하는 욕망이 있다면 당신 눈에 보이는 모든 대상에 의문을 갖고 탐구에 완전히 몰두해야 합니다.

'이것은 신의 눈에 어떻게 보일까?'. 우리는 살면서 선택의 순간마다 이런 의문을 가져야 합니다. '이 선택이 신을 탐구하는 데 도움이 될까?', '이렇게 선택하면 신을 아는 지식에 더 가까워질 수 있을까?', '삶에서 이런 선택을 내린다면 신을 알고자 하는 나의 길에 어떤 장애가 일어날까?'. 그런 견지에서 삶을 고찰하고자 한다면, 당신 마음이 그런 결심으로 가득할 때 신에 대해 질문하세요. 대부분 사람들은 이런 결심을 하지 않습니다. 일주일에 한 시간만 신에게 할애하고 나머지 시간은 신에게 관심을 두지 않는 것 같습니다.

'지혜의 끝'이라는 의미의 베단따 철학 관점에서 신에 대한 요가 개념을 고찰해보면 모든 지혜가 끝나기 때문에 신이 시작된다고 할 수 있습니다. 예를 들어, 〈우빠니샤드〉에는 다음과 같은 글이 많습니다.

지식에는 이편과 반대편 지식, 두 계보가 있습니다. 음성학, 제례, 문법, 어원, 운율론, 천문학, 리그베다, 야주르베다, 싸마베다, 아타르바베다의 모든 신성한 경전과 원문이 이편 지식입니다. 그것들은 모두 이성적인 지식입니다. 그러나 빠라비댜(*paravidya* 극상의 지식)에 대해서는 변하지 않는 한 음절만 있습니다. 그 한 음절은 '옴'입니다('오-'는 모든 것의 발생을 알리는 소리이며, '-ㅁ'은 침묵, 원천으로 돌아감을 의미한다).

베단따 철학의 가장 위대한 창시자는 샹까라*Shankara* 또는 샹까라짜리야*Shankaracharya*[8]입니다(아짜리아*acharya*는 위대한 지식을 가진 자, 즉 고유의 가르침을 주는 자에게 붙이는 존칭이다). 이 철학은 기원전 15~20세기의 베다

---

[8] 아디 샹까라짜리야(Adi Shankaracharya 788~820년)는 인도의 위대한 성자로, 보통 샹까라로 줄여 부른다. 그는 아드바이따 베단따(Advaita Vedanta) 체계를 정립한 힌두교 철학자로 〈브라흐마 수뜨라〉, 〈바가바드기따〉, 〈우빠니샤드〉 등의 주석서를 남겼다. 아드바이따(Advaita, 불이론不二論)는 궁극적 실체는 분리 불가능한 하나라는 사상이다.

veda[9] 시대로 거슬러 올라갑니다. 기원전 6~13세기경에 쓰인 〈우빠니샤드〉는 베다의 진리를 설명한 글입니다. 그리고 8세기에 샹까라는 이전 스승들이 브라흐만*Brahman*이라 불렀던 실재에 대한 지식을 아주 분명한 범주로 되살리고 다시 선언했습니다. 이 전통이 베단따입니다.

여기서 신을 설명하기 위해 사용한 단어 중 최상은 옴이며, 그 바로 아래가 브라흐만입니다.(모든 문구는 불완전하며, 이 문구도 불완전하다.) 베단따의 전통에도 만뜨라 *mantra*[10]같이 수도자들이 묵상하는, 네 개의 *위대한 발성*(마하바꺄*Mahavakya*)이 있습니다(여기서 묵상은 오늘날 기독교에서의 명상 – 하나의 관념에 대한 명상 – 과 다소 흡사한 개념이다). 네 글귀는 다음과 같습니다.

Tat tvam asi 그대가 바로 그것이다.

Aham brahma-asmi 나는 브라흐만이다.

Prajnanam brahma 브라흐만은 순수의식이다.

Ayam atma brahma 이 나 자신이 브라흐만이다.

브라흐만은 신으로 번역하면 안 됩니다. 베단따에 따르

---

9 인도의 현자들에게 계시되어 기록된 가장 오래된 문서로 신들에 대한 찬양시이자 고대 인도인의 우주에 대한 지식을 표현하고 있다.

10 진언(眞言). 신비하고 영적인 능력을 가진다는 신성한 우주의 음(聖音). 특정 만뜨라를 반복 암송하거나 명상한다면 높은 차원의 정신적 깨달음에 도달하게 된다. 스승으로부터 직접 전수받은 만뜨라는 영성 개발에 강력한 효과를 미치며 무의식을 일깨우는 데 강한 영향을 준다.

면 다양하게 나타나는 우리의 현상 세계는 본질적인 면에서 브라흐만과 다르지 않기 때문입니다. 이를 알기 위해서는 *개인의 자아*(지바-아뜨만 *Jiva-atman*)가 *신성한 자아와 동일하다는 사실*을 깨닫도록 이기적 자아를 버려야만 합니다. 신을 추구하는 사람이 묵상을 통해 자기 안에서 *위대한 자아*(빠라마뜨만*Paramatman*)를 찾고 "나는 그것이고, 모든 것이 신이니 나는 신입니다."라고 마침내 말할 때까지 스승이 할 일은 "당신이 곧 브라흐만"임을 일깨워 주는 것입니다.

그럼 어떤 '나'가 '신'일까요? "내 눈", "내 귀"라고 말하는 '나'일까요? "나는 남자" 또는 "여자"라 말하는 '나'일까요? "나는 남자" 또는 "나는 여자"라 말하며, 동시에 "나는 신"이라 말할 수는 없습니다. "나는 존"이라 말하면서 동시에 "나는 신"이라 말할 수도 없습니다. "나는 인도인" 또는 "나는 미국인"이라 말하면서, 동시에 "나는 신"이라 말할 수 없습니다. "나는 신"임을 알고 그렇게 말할 수 있으려면 "나는 남자, 나는 여자, 나는 사람, 나는 생물, 나는 육체, 나는 마음, 나는 존, 나는 제인, 나는 인도인, 나는 미국인" 등의 의식을 멈춰야 합니다. 이 모든 우빠디스

(*upadhis 신에 덧씌운 거짓조건, 거짓이름*)가 자기 자신인 신을 알 수 없게 방해합니다.

명상 과정에서 가장 *내면의 자아*, 아뜨만atman에 의식을 모으는 것은 모든 거짓조건과 그릇된 한계로부터 자신을 떼어놓기 위함입니다. 예를 들어, 명상하려고 앉아서 이 모든 제한조건으로부터 당신의 마음을 떼어놓으면 무슨 일이 일어납니까? 보통 묵상하고 있는 대상의 형태가 마음에 떠오릅니다. 이것이 마음의 본성입니다. 당신이 벽을 바라볼 때 마음에 무슨 일이 일어납니까? 벽의 형상이 떠오릅니다. 그렇지 않다면 벽을 벽으로 경험할 수 없을 것입니다. 당신의 손을 볼 때는 손의 경험이 마음에 떠오릅니다. 그 순간에 손의 형태와 본질, 경험이 당신 마음에 일어남을 의미합니다.

모든 정신적 경험은 외적 대상의 내면화를 포함합니다. 그리고 경험한 그 대상은 생각이 됩니다. 당신은 계속 이런 경험을 내면화하며 벽 또는 손을 경험하고 있다 생각합니다. 실제 일어난 일은 벽의 이름과 모양과 형상을 간직한 마음을 당신 자신이 관찰한 것입니다. 순수한 자아, 목격자, 때 묻지 않은 순결한 아뜨만인 당신은 마음을 관찰합니다. 그 외에 당신의 삶에서 경험하거나 할 수 있는 일이란 없습니다. 당신이 한 남자, 또는 한 여자를 안고 있다 생각합니다. 진실이 아닙니다. 불가합니다. 당신의 자아는 마음이 그 포옹의 형상을 받아들이는 것을 보고 그것과 동일시하는 것입니다. 밖에서 일어나는 모든 일은 사실 마음을 통해 마음속에 일어나는 것입니다. 그렇지 않다면 포옹도 없고, 어루만짐도 없습니다. 손가락에서 마음을 거둬들인다면 무슨 감촉이 있겠습니까? 당신이 앉아서 누군가와 대화할 때 상대의 말이 당신 귓전에 울려도 마음이 다른 곳에 있다면 무슨 일이 일어나겠습니까?

Anyatra-mana abhuvam nadarsham
Anyatra-mana abhuvam nashrausham
Manasaivayam pashyati manasa shrnoti
내 마음은 다른 곳에 있었습니다. 나는 듣지 않았습니다.
내 마음은 다른 곳에 있었습니다. 나는 무슨 일이 일어났는지 보지 못했습니다.
보고 듣는 것은 마음과 함께 일어납니다.

예전에 한 보석 세공사가 은에 복잡한 무늬를 열심히 새기고 있었습니다. 왕의 행차 때 수행한 신하가 말했습니다.

"은 세공사야, 너는 도대체 어떻게 생겨먹은 놈이냐? 일어서라! 왕께서 길을 지나실 때 너는 경의를 표하지 않느냐? 다른 이들은 모두 일어나서 경례한다."

은세공사는 "무슨 왕?" 하고 되물었습니다.

"무슨 왕이라니? 이 나라의 왕께서 방금 지나가셨다. 넌 뭘 하고 있었던 거냐?"

"나는 은세공에 파묻혀 있었습니다. 왕의 행차가 지나가는 줄 몰랐습니다."

내 마음은 다른 곳에 있었습니다. 나는 듣지 않았습니다. 내 마음은 다른 곳에 있었습니다. 나는 무슨 일이 일어났는지 보지 못했습니다. 그러므로 당신은 오직 마음이 함께하는 것만을 봅니다. 오직 마음이 함께하는 것만을 듣습니다. 당신을 스쳐가는 모든 형상은 당신의 감각에 감지되고, 그 인상이 마음에 들어갑니다. 당신의 자아인 아뜨만에 가장 가까운 것이 마음입니다. 아뜨만인 당신은 거리, 색, 느낌, 감각, 기억 그리고 모든 연상을 포함한 이 모든 형상을 수용하는 마음을 바라봅니다. 하지만 당신은 몸 밖의 형상을 보고 있다고 여깁니다. 우선 이 원리를 이해하도록 노력하세요. 이는 매우 중요합니다.

대상의 의식에서 마음을 거둘 때 당신이 하는 것은 무엇일까요? 당신은 아뜨만을 둘러싼 벽의 가장 바깥층 페인트를 벗겨내고 있는 것입니다. 우리는 말합니다.

"다른 모든 곳으로부터 마음을 거둬들이고 오직 당신이 앉아 있는 이곳만 인식하세요. 다른 모든 공간으로부터 마음을 거두고 오직 당신의 몸이 차지한 공간만 인식하세요."

이는 가장 바깥층을 제거한다는 의미입니다. 그다음 당신의 두 번째 층 – 몸의 의식 – 을 서서히 지웁니다. 다음 세 번째 층 – 호흡의식, 네 번째 층 – 의식적 마음, 다섯 번째 층 – 무의식의 마음, 이렇게 가장 깊은 층의 내면을 만날 때까지 다가갑니다. 그리하여 자아가 가장 깊은 층을 보게 될 때는 마음이 배제된 자기 모습을 보기 시작합니다. 그러나 그렇더라도 진아를 본 것은 아닙니다.

그러므로 이 모든 우빠디스, 하나인 브라흐만에 덧씌운 모든 제한조건들로부터 우리 자신을 자유롭게 할 필요가 있습니다. 경전에서는 "*이 모든 것이 브라흐만이다*(사르왐 칼위담 브라흐마 *Sarvam khalvidam brahma*)."라고 말하고 있습니다. 즉 이곳에 여럿이 있지 않습니다. 너와 내가 있지 않습니다. 오직 진아, 아뜨만이 있습니다. 바다에 떠 있는 수천 개의 해면 속에 몇 개의 바다가 있을까요? 오직 하나, 그 외의 것은 없습니다.

〈우빠니샤드〉에 따르면 다른 것이 없다면 두려움도 슬픔도 없습니다. 모든 존재 안에서 진아를 보고 진아 안에서 모든 존재를 본다면 더 이상 슬픔도, 동요도, 미망도 없습니다. 이러한 *진아가 브라흐만입니다.*

"Ayam-atma brahma"
아얌-아뜨마 브라흐마

여기서 우리는 무지라는 문제와 맞닥뜨립니다. 이 모든 형형색색의 세계가 광대한 하나, 하나의 무한한 브라흐만입니다. 다른 아무것도, 장막도, 울타리도, 모양도, 형태도 없습니다. 이 모든 것이 한 존재에서 비롯된 파동입니다. 그것이 진실이라면 어째서 그것을 모르는 걸까요? 내게 그에 대한 순수한 지식이 부족하기 때문입니다. 그러나 그 순수한 지식을 갖게 되면 세상 모든 것의 진아는 브라흐만입니다.

 일상에서 당신이 평범하고 세속적인 본성을 따르지 않는다는 의미는 아닙니다. 12년간 수도원에서 스승으로부터 베단따 경전을 공부한 한 제자의 이야기가 있습니다. 그는 베단따의 모든 철학과 논리를 공부했으며, 브라흐만의 지식에 완전히 몰입되어 있었습니다. 스승은 평생 처음으로 세상의 소란과 소음을 마주하도록 제자를 도시로 보냈습니다. 그곳에는 약간 흥분한 상태의 발정 난 왕의 코끼리가 있었습니다. 조련사가 코끼리의 목에 앉아 코끼리를 통제하려 애쓰며 거리의 모든 사람들에게 외쳤습니다.

 "조심해! 피해! 조심해!"

 그러나 베단따 철학을 공부해 모든 것이 브라흐만임을 아는 이 제자는 생각했습니다.

 '나도 브라흐만이고 저 코끼리도 브라흐만이다. 어찌 브라흐만이 브라흐만을 해치겠는가?'

 '사르왐 칼위담 브라흐마 – *이 모든 것이 브라흐만이다.*' 이렇게 암송하면서 제자는 묵상하며 홀로 걸어갔습니다. 그때 코끼리가 코로 한번 크게 후려치자 그 불쌍한 제자는 길가에 나가떨어져 다쳤습니다. 그가 벌벌 떨며 일어서자 몰래 제자를 지켜보고 있던 구루가 앞에 나타났습니다. 그때 제자가 물었습니다.

"제게 모든 것이 브라흐만이라 가르치셨습니다. 어찌 브라흐만이 브라흐만을 해할 수 있죠?"

구루가 말했습니다.

"네 말이 맞다. 브라흐만은 브라흐만을 해할 수 없다. 그러나 피하라고, 조심하라고 외친 그 브라흐만의 말은 왜 듣지 않았느냐?"

세상에서 경험하는 실재는 부인하지 못합니다. 당신이 다양성의 세상에 살고 있는 한 당신의 누이는 누이, 형제는 형제, 남편은 남편, 아내는 아내입니다. 그리고 존재의 여러 단계에서의 정체성은 그것들이 그 단계 의식에 머무는 한 바뀌지 않습니다. 대부분 사람들은 사람의 의식이 현존하는 세계의 수준에 머문다고 말합니다. 그럴지도 모릅니다. 그러나 베단따는 세계의 실재가 당신의 의식 수준에 머문다고 말합니다. 그러므로 당신의 의식에 따라 그에 상응하는 가치관도 있습니다. 한 단계에 속한 가치가 다른 단계의 가치와 상충할 수는 없습니다.

요기가 의식 *bhumi*의 한 단계에서 다른 단계로 진보할 때, 신의 수많은 뿜어져 나옴이 마음과 의식에 속한 실재임을 알게 됩니다. 예언자와 성자 그리고 경구를 통해 그가 들은 모든 것을 정신적 실험과 의식의 신성한 경험으로 확인합니다. 이전에는 믿었을 뿐이지만 이제는 확실히 압니다.

제 2 장

신 안에 산다는 것

베다 시대에 한 가정에 주어질 수 있는 가장 큰 행복 중 하나는 다음과 같습니다.

Nasys abrahma-vit kule bhuyat
신을 알려고 하지 않는 가족이 이 가정에 태어나지 않기를.

그 같은 축복이 완성되려면 가정과 사회에 신으로 충만한 교육체계와 아이들에 대한 훈육이 있어야 합니다. 이 장에서는 나의 어린 시절 이야기, 베다와 요가전통 안의 교육에 연관된 이야기를 할 것입니다. 이 전통에서 자란 요기에게 신이란 존재는 매우 사적인 것입니다. 그에게 신은 가장 사적인 유일한 실재입니다. 그에게는 이번 생에 신을 찾느냐 마느냐만이 유일한 문제입니다. 신 이외의 모든 것이 신의 관점에서 보이기 때문에 일생 동안 다른 문제를 갖는다는 것을 생각지도 않습니다. 달리 말해, '내가 이 문제를 이렇게 풀면 그것이 나를 신에게 인도할까?', '내가 다른 방법을 따른다면 그것이 나를 신에게 인도할까?'라고 생각합니다.

한 사람의 신을 향한 믿음은 의미가 없습니다. 신은 당신이 믿고 안 믿고 하는 것이 아닙니다. 인간과 신의 유일한 관계는 신에 대한 인간의 지식 안에 있기 때문입니다. 어머니가 있다 믿으면서 어머니와 아무 관계도 맺고 있지 않다면 당신에겐 어머니가 없는 것입니다. 어딘가에 당신의 형제 자매가 있다고 믿으면서 그들을 만난 적도 없다면 그들을 한 번 보고 말고는 문제가 아닙니다. 그 형제 자매는 헛것입니다.

당신은 아마도 신을 설명하는 철학적 담론이나 성서와 경전의 인용구를 기대하고 있을 것입니다. 그러나 우리는 매우 개인적인 일에 대해 말하고 있습니다. 그것은 부부 사이의 관계만큼이나 사적인 일입니다.

신을 알지 못하면 신을 믿을 수 없으며, 믿음은 믿는 사람의 신에 대한 지식 안에서만 성장합니다. 신을 경험하고 지각하는 방법이 그에 대한 당신의 지식, 믿음 그리고 그와의 관계를 결정합니다. 한 아이가 음식을 자신이 먹기 전에 뒤뜰의 꽃에 다가가 먹이려 하다가 울면서 "엄마, 꽃이 먹지 않아요."라고 말한다면 그 아이는 신을 알고 있는 것입니다. 그 아이에게는 꽃이 어딘가 자신과 닮았다는 본능적인 지식이 있습니다. 어떤 아이도 탁자에게 음식을 먹이려 하지 않습니다. 새나 꽃에게 먹이려 하죠. 따라서 우리는 모든 아이들에게 생명의 통일성, 생명체가 갖는 일관된 특성에 대한 이해가 있음을 알 수 있습니다.

'신'이라는 단어를 알게 될 때면 신은 잊힙니다. 그것은 모든 생명 – 모든 살아 있는 존재, 모든 의식 있는 존재, 모든 약동하는 존재 – 의 통일성, 곧 신에 대한 아이의 타고난 통찰력과 이끌림을 더 이상 의미하지 않기 때문에 그 지식이 잊히면 그 단어는 의미를 잃어버립니다.

네 살 무렵 내 인생에서 겪은 첫 번째 충격을 기억합니다. 나와 이야기하고 있던 개가 대답을 하지 않았습니다. 누이가 개는 우리처럼 말하지 않는다고 설명하려 했을 때 나는 이해할 수 없었습니다. 모든 생명이 신이라면 왜 나처럼 말하지 않는 걸까, 아이들은 궁금해합니다.

신의 자각만이 유일한 관심이어서 일생 동안 오직 신만 추구할 아들을 키우기 위해 스스로 공장 문을 닫고 자기 삶을 바치는 아버지를 둔 아주 가난한 집에서 태어난 사람은 운이 좋습니다. 신을 찾은 적도 없고, 찾고자 하는 열망도 없는 사람들에게 어떻게 신에 대해 말할 수 있습니까?

네 살 무렵 기도하기를 배우던 때가 기억납니다. 그보다도 더 이전에는 매일 예배를 위해 어머니 무릎에, 아니면 어머니 아버지 옆에 앉았던 것이 기억납니다. 예배 형태는 각각의 문화에 따라 다르겠지만, 예배는 예배입니다. 우리 전통에서는 특별하고 신성한 날이면 예배당에 가지만 그보다는 주로 불을 피우거나 꽃을 바치거나 향을 태웁니다. 그러고는 온 가족이 모여 앉아 제례 의식과 기도 형식을 따릅니다.

예배하는 주변은 신의 영역이 됩니다. 그곳에 신이 머물게 됩니다. 그곳에서 잠을 잤더라도 예배하는 순간에는 신의 땅입니다. 그곳을 더럽히는 것은 신의 뜻에 어긋나는 것입니다. 신으로부터 멀어지는 것입니다. 방을 치우지 않는 사람은 몸도 씻지 않을 것이며 마음도 닦지 않아 어수선하고 동요할 것이기 때문입니다. 네 살 어린 나이라도 주변에 담요가 널려 있다면 마음이 전체적으로 어수선하다는 것을 의미합니다. 그래서는 명상을 할 수 없습니다.

내가 네 살 무렵 자리에서 일어나자마자 첫 번째 하는 일은 작은 거울을 보며 다른 아무것도 아닌 내 얼굴에, 내 얼굴의 형상에 집중하는 것이었습니다. 아이는 '신'을 보고 있었습니다. 우리 전통에서는 아이가 일어나 땅을 밟기 전에 자신의 유일한 본성이 신임을 다짐하도록 교육을 받습니다. 침대에 앉아 이렇게 암송합니다.

> 오늘 아침, 내 내면의 자아가 가슴속에 반짝임을 기억합니다.
> 순수한 존재, 순수한 의식, 순수한 기쁨은
> 꿈과 잠과 깨어 있는 상태를 지난 네 번째 더 높은 상태
> 나는 신성한 섬광, 순수한 브라흐만이니
> 이 물리적이고 물질적인 요소들의 집합이 아닙니다.

그다음 발을 땅에 디디며 이렇게 외우도록 교육 받았습니다.

> 산의 가슴과 바다의 옷을 걸치신 대지의 어머니시여

모든 존재를 떠받치듯 나를 떠받치시니

　발을 당신께 디딤을 용서하소서

　땅 위를 걷는 것은 신을 밟고 걷는 것입니다. 강물에 들어가는 것은 신으로 목욕하는 것입니다. 우유를 엎지르는 것은 전 우주의 모성에 대한 무례이고, 끝없이 흐르는 강의 모성에 대한 무례입니다. 그것은 신의 모성에 대한 무례입니다. 우유가 신이기 때문에 우유를 엎지르지 않습니다. 음식을 집어던지는 것은 신에 대한 무례입니다. 음식은 모든 것의 어머니인 대지에서 자라고, 그 본래의 모성은 신의 모성이기 때문입니다. 신과 관련되지 않은 행위는 하나도 없습니다.

　나는 매일 아침 6시에 일어나 침대에 앉아 하루의 첫 기도를 올렸습니다. 거친 매트가 하나 깔려 있는 단단한 침대였습니다. 거울에 비친 내 모습을 보고, 가족 모두 암송하는 기도로 5분간 명상하고, 일어나 신에게 순종하는 태도로 몸을 씻고, 기도를 위해 나를 준비합니다. 목욕하는 행위는 기도를 준비하는 것이기 때문에 목욕하는 시간에 기도하는 느낌이 마음에 일었습니다. 아침이 하루의 분위기를 정하듯, 목욕은 기도의 분위기를 자아냈습니다. 욕실에서 노래하고 싶으면 노래했습니다. 기도했습니다. 목욕하기 전에 부모님에게 가서 그분들의 발을 어루만졌습니다.[1] 그분들도 신의 대리인이기 때문입니다.

사람에게는 어머니, 아버지 그리고 스승, 이렇게 세 명의 구루가 있다고 배웠습니다.

"Matrman pitrman acharyavan purusho veda"
마뜨르만, 피뜨르만, 아짜리야완, 뿌르쇼 베다
어머니, 아버지, 스승은 구루이십니다.

이것은 우리가 기억하고 암송하는 산스끄리뜨 *sanscrit*[2] 구절이었습니다. 어머니, 아버지, 스승(보통 선생과 영적 안내자 모두 같은 단어를 사용합니다.)은 구루 *guru*[3]입니다. 우리는 마누법전[4]에 따라 이렇게 배웠습니다. 당신의 영적 구루는 열 명의 교사들과 같습니다. 백 명의 구루가 하나의 아버지와 같고, 백 명의 아버지가 하나의 어머니와 같습니다. 한 어머니는 백 명의 아버지요, 한 아버지는 백 명의 구루이며, 한 구루는 열 명의 선생입니다. 모든 가르침

---

1 최상의 예의를 표현하는 방식.
2 인도의 고대 문어로 종교 계통 의식에 아직도 사용되고 있으며 힌두교 학자들 사이에 학술적 의사전달 수단으로도 쓰이고 있다.
3 '구'는 어두움을, '루'는 쫓는 자를 뜻한다. 영혼의 어둠을 쫓는 자, 즉 스승을 말한다.
4 마누(Manu)란 인류의 시조를 뜻하며 BC 200~AD 200년경에 만들어졌다는, 인도 고대의 힌두인이 지켜야 할 법(法 다르마)을 규정하고 있다.

은 신의 가르침이니, 당신의 어머니가 첫 번째 구루요, 아버지가 두 번째 구루이며, 모든 선생들이 당신의 구루입니다. 당신보다 나이가 많거나 지식이나 지혜, 행동이 앞서는 모든 연장자는 당신보다 더 신에게 가까이 있는 것입니다. 따라서 어머니, 아버지를 섬길 때 그분들이 당신보다 더 지혜로우므로 당신은 신의 은총을 받은 것입니다. 그분들은 당신보다 신에 가까이 있습니다. 어머니, 아버지를 섬기지 않고 신에 이른다는 생각은 고대 전통에는 없었습니다. 거지에게 음식을 주지 않으면서 신을 경배한다는 개념도 없었습니다.

사람은 세 가지 은혜를 입고 태어난다고 배웠습니다. 첫째는 선조들, 어머니, 아버지입니다. 그분들로 인해 당신의 몸이 태어났으며, 그 몸으로 경배할 수 있고, 까르마 karma5를 벗을 수 있으며, 신을 찾을 수 있기 때문입니다. 두 번째 은혜는 고대의 예언자, 성자, 선각자, 구루들입니다. 그분들을 통해 지식과 지혜를 얻기 때문입니다. 세 번째 은혜는 실존하는 신, 신으로서의 신에게 받은 은혜입니다. 어린아이일지라도 인생의 모든 행위는 이 세 가지 까르마의 은혜를 갚는 길입니다.

---

5 행위, 업(業). 우주에 있는 모든 힘은 대상에 작용을 가하면 그 반응이 작용을 일으킨 자에게로 되돌아온다는 원리를 따르고 있다. 지금 어떤 사람이 한 행위는 당장은 되돌아오지 않지만 나중에 적절한 환경이 조성되면 그 반작용이 나타난다는 것이다. 이처럼 인간이 몸과 마음과 입으로 짓는 모든 행위는 원인과 결과의 연쇄 관계에 놓이는 것이라 하여 선업선과(善業善果), 악업악과(惡業惡果)와 같은 윤리적인 '인과의 법칙'을 낳았다.

매일 아침 몸에 기름을 바르고 마사지한 후 온 가족이 함께 아사나[6]를 했습니다. 우리는 부모님의 발과 몸을 마사지했습니다. 나에게는 그것이 신을 섬기는 것이었습니다. '섬김'이란 말은 우리 마음과 삶에 너무나 깊이 각인되어 모든 이를 섬기지 않고는 신을 추구한다는 생각도 못 했습니다. 명상을 위해 앉는 자리에서 그 분위기로 식사에 임하듯이, 우리가 신을 경배하는 것과 똑같은 방법으로 손을 가슴에 합장하고 머리 숙여 다른 이들에게 인사했습니다.

우리는 사람의 모습으로 온 신을 경배했습니다. 많은 사람들이 사람에게는 절하지 말라는 가르침을 받고 있습니다. 그러나 우리는 모든 사람에게 절하라고 배웠습니다. 신이 어떤 모습으로 올지 알 수 없기 때문입니다. 모든 경배는 집 안에서 이루어집니다. 따라서 집은 곧 신전이므로 집 안 구석구석을 깨끗이 하도록 배웠습니다. 아침부터 밤까지 모든 행위가 경배요 섬김이었습니다. 가령 추운 방에 앉아 있다가 스스로 일어나 창문을 닫아도 당신이 추워서가 아니라 방 안에 있는 다른 이들에 대한 작은 봉사로 한 일이라면 당신은 신을 섬기고 있는 것입니다.

---

6 전통적으로는 명상을 위한 앉기 자세를 말한다. 요가의 체조를 뜻한다.

음식을 접시에 그대로 둔다든지, 담요를 접지 않고 바닥에 팽개치는 등 방 안의 모든 이를 위해 할 수 있는 봉사를 하지 않고 앉아 있는 사람들을 볼 때면 나는 이렇게 말합니다.

"이것은 신을 향한 마음이 아닙니다. 이는 명상하는 사람이 아닙니다."

그의 마음은 혼란스러워집니다. 입문하려 왔는데 귀에서 냄새가 나는 학생을 보면 이렇게 말합니다.

"이 사람은 신을 받아들일 준비가 덜 됐습니다. 자신의 귀를 닦는 방법도 모르는데 어떻게 마음을 닦을 수 있겠습니까?"

이러한 것은 우리가 어린 시절부터 익혀온 습관입니다. 아버지의 머리를 마사지하고 어머니의 발을 어루만짐으로써 나는 신을 경배했습니다. 그분들의 축복을 받음으로써 신의 축복을 받았습니다. 내 인생의 번영, 행복, 기쁨은 부모님으로부터, 또는 내 구루로부터 받은 축복의 결과임을 분명히 믿고 있습니다.

구루를 섬김도 마찬가지로 내겐 지극히 사적이고 물질적인 것입니다. 그분의 방에 갈 때 드는 첫 번째 생각이 '뭘 가르쳐주시려나? 내게 명상을 주실까?' 이래서는 안 됩니다. '오늘 식사는 하셨을까? 음식을 내가 공양해도 될까? 더러워진 솔을 갖고 계시지는 않을까?' 이런 생각을 먼저 해야 합니다. 또한 집에서는 '모두가 먹었는가? 배고픈 사람은 없는가?' 이런 생각이 우선돼야 합니다. 그것이 신을 섬기고 경배하는 것입니다. 모두가 먹지 않았다면 사람의 형태로 온 그 안에 깃든 신성을 배려하지 않은 것입니다. 그러고도 당신이 전 우주의 신을 생각하겠습니까? 그렇게 할 수 없습니다. 그러므로 우리 부모님과의 관계에서 시작하는, 최대한 적절하고 최대한 겸손하며 지극히 생활적인 섬김이야말로 신을 찾기 위한 훈련이었습니다.

여러 해 동안 똑같은 아침수련을 마치고 아침식사를 끝내면 기도나 명상을 위해 같은 자리에 앉아 공부했습니다. 모든 지식은 신의 지식이며, 모든 지성은 신의 지성입니다. 모든 지혜는 신의 지혜입니다. 입에서 나오는 모든 단어는 신의 이름입니다. 내 손의 모든 손가락이 내 손가락이고 내 일부분이고 그 안의 생명이 내 생명이듯 모든 실재, 모든 의식, 모든 기쁨, 모든 행복이 신의 것입니다.

예를 들면 '벽'은 신 안에 존재합니다(산스끄리뜨어로

'벽'은 신의 일부를 이르는 이름입니다). 심지어 '침 뱉기'라는 말도 정화를 뜻하는 신성한 행위의 이름입니다. *신의 잠재력*(샥띠 *shakti*)⁷, 생명에너지는 스스로를 의지 *iccha*, 지식 *jñāna*, 행위 *kriya* 세 가지 형태로 명백히 드러냅니다. 마치 바다 위의 파도도 바다인 것처럼 의지, 지식, 행동 이들 모두가 하나의 근원에서 유래한 것입니다.

브라흐만 가족이 배우는 첫 번째 과학은 *발음*(식샤 *shiksha*)입니다. 사실 발음이란 말은 교육과 동의어입니다. 마음의 위대한 힘은 세상에 언어 형태로 드러나며, 따라서 언어를 정화할 수 없다면 마음도 정화할 수 없습니다. 다섯 살 무렵 적었던 내 산스끄리뜨 책 식샤의 첫 장에 다음과 같은 문장이 쓰여있었습니다.

> 오! 언어의 위대함이여
> 달과 별처럼 빛나며
> 꽃처럼 아름다워라
> 한마디 한마디가 꽃이요 별이로다.

졸업생이 문법적으로 틀린 글을 쓰는 것은 불경하게 여

---

[7] 우주의 성스러운 힘을 의미하며 현상계의 운동을 가능하게 하는 에너지로 동양에서는 '기(氣)'라고 한다. 인도 탄뜨라의 가르침에 의하면, 우주는 음과 양으로 이루어져 있는데 양은 '뿌루샤'라는 순수의식으로, 음은 '샥띠'라는 우주의 신비한 에너지로 파악된다. 샥띠를 인격화한 신이 '성모'라 불리는 깔리 여신이다.

겨졌습니다. 언어의 원천은 마음속에 있는 신의 지식을 표현하는 것이기 때문입니다. 당신 마음이 깨끗하지 않다면 당신의 언어도 깨끗하지 않습니다.

브라흐만 아이들이 배우는 두 번째 과학은 문법이었습니다. 3~4년 동안 대단히 고도로 정확한 빠니니*Panini*[8]의 수뜨라[9]만을 읽었습니다. 언어의 모든 법칙을 담고 있는 4천 개의 수뜨라로 이뤄진 그 책을 외워야 했습니다. 일곱 살 무렵에는 오늘날 언어학 전문가들도 이해하려면 컴퓨터에 저장해놓아야만 하는 내용 전체를 암송할 수 있었습니다. 명상자세로 앉아서 암송했는데, 책 구절 중 문법에 관한 논쟁에 이런 글이 있었습니다.

> 반대자: 이 수뜨라, 이 문장, 이 경구는 여기 있으면 안 됩니다.
> 제안자: 어떻게 그런 말을 할 수 있습니까? 위대한 성자이자 요기인 빠니니는 매일 아침 태양을 마주하고 앉아 명상했습니다. 그러한 집중에서 이 수뜨라들이 나왔습니다. 이 안에 전체 규칙(문법)은 말할 것도 없고 단어 하나, 철자 하나라도 틀린 것이 있을 수 있겠습니까?

---

8 고대 산스끄리뜨어 문법학자.
9 실 또는 경구를 뜻함.

모든 지식은 계시된 지식이고, 계시를 받기 위해 지식에 다가선다고 배웠습니다. 그래서 문법을 명상자세로 앉아 배웠습니다.(전통 산스끄리뜨에서 '언어'라는 단어는 '정제된'이라는 의미를 갖습니다. 그것은 *삼스까라*[10], 또는 정신적 인상과 같은 어근에서 나온 것입니다.) 언어공부는 신성한 행위입니다. 그것은 베다 같은 계시된 경전을 이해하는 열쇠이기도 합니다. 4천 년 동안 단 하나의 음조도 바뀌지 않았습니다. 단어를 발음할 때 만들어내는 소리는 계시된 소리의 진동이며 그대로 보존돼야 하기 때문입니다. 내게 그것은 신을 경배하는 일이었습니다. 이런 행위로 신을 찾을 수 없다면 어디에서도 신을 찾을 수 없을 것입니다.

여섯 살 때 나는 신성한 실, 야즈노빠위따*yajnopavita*를 받았습니다. 이로써 다른 사람들을 위한 경배 의식과 제례와 행위를 할 수 있게 되었습니다. 그 순간부터 내가 승려임을 의미하는 것입니다.(성직자로서 얼마나 잘할 수 있느냐는 통달한 지식의 정도에 달려 있습니다.) 3일간 우유를 먹지 않고 의식이 있는 날 아침에 의식의 중심을 나타내는 노란 옷을 입었던 것으로 기억합니다. 그러고는 가야뜨리

---

10 과거의 경험에서 비롯되는 잠재적 경향. 물질적이든 심리적이든 개념적이든 어떤 한 대상과의 접촉으로 마음속에 형성되는 인상. 통상적으로 까르마가 무의식 전체의 흐름을 가리키는 집합적인 개념인 반면, 삼스까라는 개별적인 인상을 지칭하는 말이다. 이외에도 바사나(Vasana)는 심리적 습관 또는 경향에 초점을 두고 쓰는 말이다.

Gayatri[11]로 알려진 베다 만뜨라의 첫 가르침을 받았습니다. 그것은 모든 브라흐만 아이들이 신성한 실을 받는 날 배우는 것입니다. 번역하면 다음과 같습니다. 이것을 아침과 저녁 기도인 싼디야*sandhya* 시간에 적어도 108번 암송합니다.

> 하늘과 땅과 천상에서, 태양의 광채 안에 빛나는 신의 아름다운 광휘에 대해 명상하고 또 명상합니다. 신께서 나의 지혜에 영감을 주시길.

12시에 끝나는 공부시간이 지겨워 시계 보는 법을 배웠습니다. 작은 바늘과 긴 바늘이 한곳에 겹쳐질 때 아버지가 "열두 시다." 하신다는 것을 알게 되었습니다. 나는 책을 내려놓을 수 있는 그때를 기다리곤 했습니다. 그리고 식사하고, 쉬고, 다시 앉아 공부했습니다. 5시에 발, 얼굴, 손의 순서로 닦았습니다. 얼굴을 먼저 씻고 손을 씻으면 얼굴이 달아오르기 때문입니다. 욕실에 가는 것은 하루에 두 번 훈련된 습관이었습니다. 한 번은 아침에, 한 번은 저녁식사 전에. 그리고 나서 어머니, 아버지와 혹은 두

---

11 리그베다의 모든 찬가 중의 정수.

누이를 포함한 전 가족이 산책하러 나갔습니다. 다섯 살 이후에는 내게 장난감이 없었습니다. 수련에 영향을 줄 만한 어떤 물건이나 생각, 말도 밖에서 들여오는 것이 금지되었습니다. 순결한 마음은 그렇게 중요했습니다.

내게 외로웠냐고 묻고 싶을지 모르겠습니다. 다음의 이야기가 답이 될 수 있을 것입니다. 1974년 150명의 히말라야 협회 사람들이 스와미 라마Swami Rama와 함께 인도에 와서 유명한 여성 스승인 아난다마이 마Anandamayi Ma를 방문했습니다. 우리 중 한 사람이 외로움에 대해 질문했고, 우리는 외로움에 해당하는 인도 말을 찾기 위해 15분을 보내야 했습니다.

나에게는 같이 놀 누이들이 있었지만 장난감도, 가족 외의 친구도 없었습니다. 우리끼리 놀았습니다. 뭘 했냐고요? 내가 기억하는 대부분의 놀이는 〈라마야나Ramayana[12]〉와 〈마하바라따Mahabharata[13]〉 같은 신성한 이야기들의 역할 놀이었습니다. 그럴 때면 내가 끄리슈나가 되어 아르쥬나Arjuna[14]를 가르치거나 누이가 끄리슈나Krishna[15]가 되어 아르쥬나를 가르쳤습니다. 아니면 다른 이야기의 다른 역할을 하곤 했습니다.

---

12 고대 인도의 성자 발미끼가 지은 것으로 전해지는 대서사시. 코살라 왕국의 왕자인 라마가 마왕 라바나에게 빼앗긴 부인 시타를 도로 빼앗아 오는 모험 무용담이다.
13 인도의 3대 고대 서사시 중 하나로 비야사가 저술한 세계에서 세 번째로 긴 서사시이다. 고대문학의 중요한 유산이며, 인도인들에게는 종교적으로나 철학적으로 커다란 의미를 지닌다.
14 마하바라따의 주인공.
15 마하바라따의 주인공.

점심식사 후 낮잠시간에 그때 푹 빠졌던 아주 어린 시절의 상상이 기억납니다. 모두가 잠든 동안 나는 자는 척 하면서 이렇게 상상했습니다. '여기 군중 앞에서 강의하고 있다.'. 지금도 내가 말하는 몇몇 단어는 그때의 상상으로부터, 그때 당시 상상으로 했던 강의로부터 온 것입니다. 이런 상상도 했습니다. '한 무리의 사람들이 있어 내가 그들의 예배를 이끌고 있다.'.

나는 모든 예식을 행했으며, 모든 사람들이 나를 따라 만뜨라와 기도를 염송했습니다. 매일매일 상상 속에서 경배 예식을 처음부터 끝까지 마쳤습니다. 그중 일부는 지금도 하고 있습니다. 저녁식사 전에 함께하는 기도가 한 번 더 있었습니다. 특정한 만뜨라를 암송하고 그다음 누군가 기도를 선창했습니다. 하루는 내가 선창했고 다음날에는 큰누나가, 다음에는 작은누나가 그리고 다음에는 아버지나 어머니께서 선창했습니다. 그때의 기도는 어느 종교에서든 당신이 들을 수 있는 그런 기도였습니다.

> 신이시여, 당신은 모든 것입니다. 당신은 전 존재입니다. 당신은 의식이며 축복입니다. 밝은 달을 볼 때 당신을 봅니다. 물에서 당신

의 청결함을 느낍니다. 바다에서 당신의 깊이를 보며, 산에서 당신의 높이를 봅니다. 하늘에서 당신의 순결과 광대함을 봅니다. 신이시여, 그 순결과 광대함이 내 가슴에 들어오게 하소서. 당신으로 충만한 공간을 걸어갈 때, 당신이 내 피부에 닿는 것을 느낍니다. 내가 하는 말속에 당신이 있나이다. 신이시여, 당신께 간청하는 기도의 힘은 당신에게서 온 것입니다. 내가 어디서 끝나고 당신이 어디서 시작되는지 모릅니다. 이번 생에 당신을 찾고 당신을 알 수 있게 해주십시오.

옴 샨띠 샨띠 샨띠(평화 평화 평화).

우리 가족의 마음에 이렇게 깊이 새겨졌습니다.

'너희는 스스로를 정화하고 네 몸과 말과 마음을 닦기 위해 육신으로 태어났다. 인간으로서 너희가 존재하는 유일한 이유는 금번 생에 신을 아는 것이다. 너희 존재의 다른 이유는 없다. 이번 생에 신을 알지 못한 채 죽을 거라면 삶을 멈추는 것이 더 나을 것이다.'

이번 생에 신을 알고 그의 모든 영광과 지식, 광휘를 알아야만 한다는 사실을 하루도 잊어본 적이 없습니다. 그것 말고는 사는 이유가 없습니다. 당신은 지나칠 수도 있고 잊을 수도 있습니다. 하루 중 얼마 동안 유혹에 굴복할 수도 있습니다. 당신은 약해질 수도 있고 그릇된 일을 할 수도 있습니다. 그러나 하루 중 어느 때인가는 신에 대한 기억이 당신 안에서 일어나야 합니다. '신으로부터 멀어질 일을 오늘 했던가? 신에게 다가갈 일을 했던가?'. 기도하는 동안이 가장 행복한 때로 기억합니다. 그것은 책에 적힌 기도가 아닙니다. 마음속에 무엇이 있든 그것에 따라 기도하라고 배웠고 그렇게 기도했습니다. 다른 시간에 우리는 책에 있는 기도문을 읽었습니다.

우리는 종종 명상과 기도의 차이점에 의문을 갖습니다. 명상은 말이 사라지고 느낌이 다가오는 기도의 고요한 일부분입니다. 당신은 만뜨라를 암송하고 성가를 부릅니다. 그것은 마음에서 일어나기 때문에 기도 중 당신 안의 모든 것이 멈추고 고요해지는 순간이 옵니다. "옴, (샨띠 샨띠 샨띠) 평화, 평화, 평화." 이 말로 당신은 평온함을 느끼고 명상에 들어갑니다. 물론 배운 호흡수련도 도움이 됩니다.

저녁식사는 오후 6시에 있었습니다. 그다음 석유램프 불빛 아래 9시까지 책을 읽었습니다. 물론 늘 같은 자세로 앉습니다. 당신이 뭔가를 진정 사랑한다면 그것은 당신을 해칠 수 없습니다. 앉아서 명상하는 것은 단지 감정적 긴장을 줄이거나 문제를 해결하기 위한 것이 아닙니다. '내가 속상하기 때문에 명상해야만 한다.'가 아닙니다. 신을 사랑한다면 그 신과 소통합니다.

우리 마음속의 신은 남성도 여성도 아니었습니다. 신은 모든 것이고 어느 곳에나 있었습니다. 신에 대한 내 어린 시절의 느낌은 개에게도, 나에게도, 내 누이에게도 있는 생명의 동질성이었습니다. 그것은 어떤 보이지 않는 힘이 나를 관통하고 어디에나 존재하는 느낌이었습니다. 아버지께서 이렇게 말씀하곤 했습니다. "네 피부를 스쳐가는 공기를 네가 볼 수는 없단다.". 가끔씩 저녁에 공부하는 대신 아버지와 이 문제에 대해 토론했습니다. 그리고 잠자리에 들기 전에 또 기도했습니다. 기도와 함께 잠자리에 들었습니다. 모든 일을 함께했습니다. 모두가 함께 앉았습니다. 우리는 우리 외의 누구도 몰랐고 알 필요도 없었습니다. "그렇게 하는 데 불이익은 없습니까?"라고 물을지 모르겠습니다. 맞습니다. 좀 불편합니다. 그러나 신을 알기 위한 대가로는 그리 큰 것이 아닙니다.

스물대여섯 무렵에 또 하나의 충격을 받았습니다. 내가

만나는 모든 사람들이 신을 찾는 것은 아니라는 사실을 깨달았던 것입니다. 어떻게 그럴 수 있는지 이해할 수 없었습니다. 그러나 그때도 신을 찾지 않는 소수의 사람들을 만난 것은 나의 까르마라 여겼습니다. 최근에야 대부분의 사람들이 의식적으로 신을 찾고 있지 않다는 걸 깨닫게 되었습니다. 내가 신성한 불꽃이고 당신도 신성한 불꽃이라면 그 불꽃은 자신 이외의 무엇을 찾고 있는 걸까요? 불꽃이 찾을 수 있는 것이 자신 말고 뭐가 있을까요? 빛을 찾으러 어디로 갈까요? 당신이 빛의 존재라면 도대체 어디서 빛을 찾고 있는 겁니까? 이성의 손길에서? 집을 이루고 있는 벽돌에서? 어디서 찾고 있습니까?

아홉 살 무렵 처음 지역 사원에서 설교 요청을 받았을 때, 그때는 분명 이기적 자아가 앞선 순간이 있었습니다. 내가 아는 사람은 신에 대해 듣고자 온 사람들뿐이었습니다. 스물셋 이전에 내가 알던 사람들은 신에 대해 한마디를 들으려고 오는 사람들뿐이었습니다. 그때 받은 질문은 모두 철학에 관한 것이었습니다. 저녁이면 이 마을 저 마을로 강의하러 다녔습니다. 오전에는 아버지와 공부하고 오후에는 질문하려고 모인 사람들과 대화했습니다. 그

수업은 내게 아주 어색합니다. 인도에서는 신을 알고자 열망하는 이들이 모여들 뿐입니다. 브라흐만은 구도자들이 가져오는 선물로 생계를 잇지만, 우리의 전통적 사고방식에서 신에 대한 가르침의 대가를 받는 것은 아주 드문 일입니다.

전통에서는 사람들에게 매일 다섯 가지 헌신을 하라고 가르칩니다.

첫째, 초월적이며 규정할 수 없는 영혼인 신, 성직자, 브라흐만에 대한 헌신이 있습니다.

두 번째, 데바-야갸 deva-yajna[16]는 속세의 신에 대한 헌신입니다. 모든 신성한 존재, 자연의 모든 형태는 신이기 때문입니다. 당신이 물에 봉헌하고 그 물로 목욕하면, 신이 그 물 속에 살아 있는 것입니다.

세 번째는 연장자들에게 하는 헌신입니다. 부모님에게 봉사하고 그들을 존경하고 그들의 말씀을 듣고 그들로부터 배우고 발을 안마해드리고 당신이 먹기 전에 그들에게 먼저 식사를 드림으로써 스스로 헌신합니다. 내 아버지, 어머니가 살아 있다면 먼저 그분들이 드셨는지 확인하지 않고 음식을 먹는다는 것을 상상할 수도 없습니다. 우선 그분들

---

16 deva: 산스끄리뜨 어로 신(神)을 뜻한다. 인도 베다 시대의 많은 신격들 가운데 하나로 어떤 자연의 힘과 동일하게 취급되느냐에 따라 하늘의 신, 허공의 신, 땅의 신 등으로 나뉜다. 영어 'divine'과 같은 계열의 말이다.
 yajna: 봉헌, 희생제, 헌신.

의 음식을 준비해드리고, 기다리고 섰다가 그분들이 필요로 하는 것을 시중들 것입니다. 나의 구루에게도 똑같이 할 것이며, 그다음에 남은 것을 먹을 것입니다. 그것이 당신이 받을 수 있는 가장 큰 축복의 원천입니다. 당신 부모님이 당신과 함께하며 행복하다면 그것이 당신이 받을 수 있는 가장 큰 축복입니다. 그분들은 무엇이든 당신에게 주시려 했을 것입니다. 비록 당신 인생의 모든 것에 동의하시지 않았더라도 그분들의 모든 것을 당신에게 주셨을 것입니다. 그러니 어머니가 당신에게 주신 모든 것을 그분에게 돌려드릴 수 없다면 당신은 모든 것을 주신 신을 생각할 수 없습니다.

지금도 인도에서는 벌어들인 수입을 어머니나 아버지의 발밑에 가져다놓습니다. 남편이 처음 하는 일은 자신의 수입을 아내의 손에 쥐어주는 것입니다. 아내는 번영의 여신 락슈미*Lakshmi*이기 때문입니다. 아내가 돈을 만지지 않으면 그것은 불어나지 않을 것이며 그 집은 번성하지 않을 것입니다. 내 몸의 모든 것은 부모님과 내 구루에 속해 있습니다. 모든 것이 사랑인 신의 선물입니다. 모든 아름다운 것들이 신의 것입니다. 당신이 하는 말은 신의 말입니다.

당신이 하는 놀이는 신의 놀이입니다. 우선 지상에서, 현실의 물질세계에서 신을 찾으십시오. 그다음에 가슴속의 신을 찾게 될 것입니다.

네 번째 헌신은 아띠티-야갸*atithi-yajna*이고, 다섯 번째는 발리-야갸*bali-yajna*입니다. 네 번째 헌신의 철학에 따르면 미지의 손님은 신의 대리인으로 여깁니다. 그리고 손님으로 번역한 아띠티는 '약속 없이 온 사람'을 의미합니다. 이상적으로는 그런 손님, 특히 승려나 아쉬람의 독신 학생들에게 그들의 몫을 떼어주기 전까지 음식을 먹어서는 안 됩니다. 현대에 그런 손님을 찾을 수 없다면 아쉬람[17]과 영적 봉헌과 교육을 담당하는 다른 곳에 정기적으로 헌금을 보냅니다.

이와 비슷하게 다섯 번째 헌신은 새나 심지어 개미 같은 다른 피조물에게 매일 음식을 주는 것입니다. 인도의 수도 델리에서도 개미집에 놓인 설탕가루를 가끔 볼 수 있습니다. 이 행성이 인류에게만이 아니라 모든 신의 피조물들에게 동등하게 주어졌음을 이해해야 합니다.

리그베다*rig veda*에서는 신은 모든 자연 – 산, 언덕, 강 등 – 안에서 깨달을 수 있다고 가르칩니다. "그 한 영혼이

---
17 아쉬람: 수행처.

나를 통해 흐른다." 말합니다. 당신이 산 위에 서서 산이 어디서 끝나고 당신 몸이 어디서 시작되는지 알 수 없다면 그것이 진정한 경배입니다. 당신이 호흡할 때 모든 자연이 호흡합니다. 당신이 내쉴 때 모든 산이, 모든 계곡이 바람을 불어냅니다. 당신이 들이쉴 때 우주 생명력의 모든 쁘라나prana[18]가 당신 몸을, 계곡을, 강을, 산을 통과합니다. 그것이 우리가 배운 자연과의 유일하게 올바른 관계입니다.

요가는 이러한 합일입니다. 요가는 헌신이며 고행입니다. 사람은 자신의 육신에 종속되어서는 안 됩니다. 몸의 욕망은 극복해야 하는 것입니다. 세상의 어떤 것이든 당신이 사용하기 위한 것이지 소유하기 위한 것이 아닙니다. 당신 몸을 보호하는 것은 당신 손에 달렸습니다. 당신의 영혼이 깃들어 살며 수행할 수 있도록, 더 많은 시간 기도할 수 있도록, 더 많이 명상할 수 있도록 당신의 몸을 보호할 필요가 있습니다. 그 외에 다른 이유는 없습니다.

영혼이 당신 몸을 안식처로 삼아 육신과 함께 주님을 경배하기 위해서만 경제적 또는 정치적 질서가 존재합니다. 고대 경전 〈바가바따 뿌라나Bhagavata Purana〉는 진정으로

---

[18] 모든 생명에 내재된 생명력, 기(氣). 미세한 육체를 구성하는 에너지 통로를 따라 흘러다닌다.

헌신하는 사람에 대해 말하고 있습니다.

> 신을 말할 때면 그의 목소리가 떨립니다.
> 그의 가슴이 녹아내립니다.
> 신에게서 멀어지면 울부짖습니다.
> 작은 합일이라도 맛볼 때면 크게 웃습니다.
> 그렇게 마음으로 헌신하는 사람 한 명이면
> 전 세계를 정화하기에 충분합니다.

이런 것이 신에 대한 헌신입니다. 삶은 곧 신에게 헌신하는 것입니다. 요가 아쉬람에서 밤에 드리는 마지막 기도는 쉬바-상깔빠 *Shiva-sankalpa*[19]라는 순결한 마음을 위한 기도입니다:

> 깨어 있는 동안 멀리 여행하는 것
> 잠든 동안에도 멀리 가는 것
> 많은 빛 중 하나의 빛에 멀리 가 닿는 것
> 바로 내 마음이 아름답고 상서로운 결심으로 가득하게 하소서.

---

19 올바른 결심, 각오, 다짐, 염원을 의미하는데, 자기 삶의 목표 혹은 이루고 싶은 포부를 나타내는 간결하고 긍정적인 다짐이다. 상깔빠의 목적은 자신의 바람직한 욕망을 실현하기 위한 마음의 힘을 키우는 데 있다. 처음에는 의식적 차원의 다짐이지만 상깔빠는 점차 잠재의식의 힘이 되며 이 힘은 자신의 삶과 성격의 변화를 가져오게 한다.

모든 현명한 자들이 행동할 때 함께하는 것

그리고 제사장들이 사제의 의무와 경배를 행하도록 이끄는 것

모든 존재에 감춰진 유일하며 신비로운 것

바로 내 마음이 아름답고 상서로운 결심으로 가득하게 하소서.

모든 과거와 현재와 미래

세상의 모든 것을 사로잡고 있는 영원한 하나

이로 인해, 이를 통해, 일곱 사제의 희생이 확장되고 실행되는 그것

바로 내 마음이 아름답고 상서로운 결심으로 가득하게 하소서.

그 안에 세 개의 베다: 리그(지식), 야주스(행동), 사마(깨달음)

곧 세 가지의 지혜가 수레바퀴의 살처럼 붙어 있는

그 안에 모든 살아 있는 존재의 마음 요소들이 얽히고설켜 있는

바로 내 마음이 아름답고 상서로운 결심으로 가득하게 하소서.

능숙한 마부가 말을 통제하고 바른 길로 몰듯이

말이 빠르더라도 자주 고삐를 당겨 그들을 통제하듯이

가슴에 자리잡은 마음이 감각을 통제합니다.

항상 움직이고, 모든 힘 중 가장 빠른

내 마음이 아름답고 상서로운 결심으로 가득하게 하소서.

위에 번역된 후렴구 "내 마음이 아름답고 상서로운 결심으로 가득하게 하소서."는 이렇게 번역할 수도 있습니다. "내 마음이 내 안에 함께하는 신에게 집중하겠다는 결심으로 가득하게 하소서.".

우리는 삶에서, 관계에서, 배움과 학습과 활동과 행동 영역에서 개인의 경험을 가지고 신에 대해 말합니다. 요가철학에서 신은 세 가지 형태의 힘, 즉 의지, 지식, 행동으로 나타납니다. 우리 안에서 작용하는 의지와 지식 그리고 행동으로부터 완전히 동떨어진 신을 생각하는 사람들은 신을 이해 못합니다. 모든 의지, 지식, 행동은 신의 의지요, 지식이요, 행동이기 때문입니다. 그러므로 내가 하는 모든 말은 신의 소리입니다. 내가 가진 시각, 내가 보는 것은 신의 빛입니다. 이것은 문자 그대로의 의미이지 시적이거나 은유적인 표현이 아닙니다.

내 안의 빛은 밖의 빛에 반응합니다. 둘 사이에는 유사한 점이 있습니다. 밖으로부터 받아들여 인지하는 빛도 우리 안에 있는 영적 빛의 작은 파동입니다. 우리 안에 신성한 소리, 곧 신이 존재하기 때문에 우리는 소리에 반응합니다. 우리 안에 지식, 신의 지식이 있기에 우리는 다른 사람의 생각에 반응합니다. 모든 것은 더 커지거나 진보하거나 퇴보하지도 않는 더도 덜도 아닌 신의 또 다른 파동에 부딪히는 하나의 파동입니다.

개인적인 경험으로 말하면, 생활 속의 신에서 내면의 신에게로 옮겨갈 때 당신은 자신의 영역을 조금 이동하는 것입니다. 신은 변하지 않습니다. 스스로 신으로부터 동떨어져 있다고 생각하는 나에게 입장 변화가 있을 뿐입니다. 그러므로 초기에 신을 경험한 일은 당신이 삶에서 원했던 모든 것들입니다.

음식을 먹는 경험은 일종의 신을 경험한 것이며 맛으로 신이 발현됩니다. 먹는 행위가 신성한 행위인 이유가 거기 있습니다. 그래서 대부분 문명에는 음식에 중점을 둔 일종의 경배의식이 있습니다. 당신이 누군가와 섹스할 때 당신은 분명 성적인 신의 투영을 경험하는 것입니다. 그래서 모든 문명의 삶에는 섹스 행위의 예법과 조절이 존재하며, 그것에 실패하면 사회가 붕괴됩니다. 일상에서 경험하는 감각의 통제를 상실할 때, 그것과 관련된 고결한 느낌을 잃을 때, 인격은 갈 길을 잃고 감정적으로 혼란해집니다.

감각적 경험이 신의 발현임을 이해하고 나면 그 경험을

떠나 신에게 사랑과 평화를 구하게 됩니다. 그러면 사랑과 평화의 경험으로 신에게 다가감을 느끼게 됩니다.

감각적이지 않은 신의 첫 경험은 침묵입니다. 고요함을 느낄수록 당신은 신을 더 아는 것입니다. 그러나 신의 깨달음은 엄청난 노력 없이 시작되지 않습니다. "이번 생에 신을 봐야만 한다. 신의 진실을 알고 싶다." 말하는 사람은 광신자로 불립니다. 아무 노력도 없이 신이 당신에게 온다면 그는 신이 아니거나, 당신이 전생에 자신의 모든 고행을 마무리한 축복받은 성자일 것입니다.

신은 어디에나, 내 안에, 내 마음에 있다면서, 신이 나의 참자아라면서 어떻게 신을 찾는 데 그렇게 많은 노력을 해야 한다는 것인지 의문을 가질 수 있습니다. 내 대답은 이렇습니다.

"그것은 해면이 바다의 깊이를 알기 위해 시도하는 노력과 똑같습니다."

자신에 대해 "나는 신과 동떨어져 있다. 하지만 지금 신을 원한다."고 말하는 만큼 몸부림치는 노력이 필요합니다. 이러한 신과 나의 분리가 중시되는 한, 당신의 작은 자아가 신을 원하는 '나'인 한 고통스런 노력이 없을 수 없습니다. 이 작은 '나'는 놓치기를 원치 않기 때문입니다. 작은 자아는 자신과 동일시하는 하나 이상 여러 형태의 제한적이고 작은 것들에 연연하고 매달립니다. 구도자의 고행은 그 거짓 자아를 버리는 몸부림입니다. 당신이 수많은 절망을 경험하지 않았다면 아직 신을 찾기에 적절한 구도자가 아닙니다. 그 길은 날카로운 면도날이기에 그 위를 걸으려면 엄청난 집중이 필요합니다.

다른 선택도 있습니다. 신 찾기를 포기할 수도 있습니다. 그러면 행복할까요? 신을 찾는 사람들은 처음에는 대단히 슬픕니다. 그들은 기쁨에 겨워하지만 열망을 갖고 있습니다. 그 열망 속에 그들의 기쁨이 있으며, 그 슬픔 속에 그들의 기쁨이 있습니다. 그들은 신을 찾지 못해 슬프고, 신을 찾을 기회가 있기에 기뻐합니다. 그러면 그 탐구를 외면하는 사람들은 행복할까요? 우왕좌왕하지 않고 갈등이 없으며 자기 자신과 완전히 조화를 이루고 이기심 없이 모든 사람에 대해 절대적이며 남김 없는 사랑을 가진 사람이 있다면 내게 보여주십시오. 오직 성자만이 그런 사람입니다.

신의 탐구로 겪는 모든 즐거움, 기쁨, 슬픔, 열망은

예배가 됩니다. 같은 눈물로 신이라는 보물더미를 가질 수 있는데 무엇 하러 작은 것에 눈물을 흘린단 말입니까? 한 번 생의 목표를 정하면 모든 행위는 그 탐구로 향합니다. 언젠가 누가 물었습니다. "지루함은 어디에서 일어납니까?". 나는 "신에 대한 경배가 아닌 일을 할 때 지루합니다."라고 대답했습니다. 당신은 반복되는 일이 지루하다 말하겠지만 나는 아닙니다. 요기는 앉아서 자신의 만뜨라를 천 번, 만 번, 백만 번, 천만 번 반복합니다. 더 많이 반복할수록 더 많은 기쁨이 일어납니다. 반복은 지루한 게 아니라 집중입니다. 신과 관계없이 반복하면 지루해지지만 신과 함께 반복하면 집중이 되고 평온이 되고 평화가 되고 고요가 됩니다.

고통의 몸부림을 두려워하고 내면의 갈등을 두려워하며 자신의 죄와 일탈과 실패를 대면하기를 두려워하는 사람은 신을 탐구하면 안 됩니다. 자신을 대면할 용기 있는 사람이 신을 찾을 수 있습니다. 자신의 모든 나약함을 알고 그럼에도 평온하게 사는 용기 있는 사람, 자신의 강점으로 남에게 도움을 주고 스스로 자신의 약점을 극복해나가는 용기 있는 사람이 신을 추구하는 사람입니다.

〈우빠니샤드〉에 이르기를, "네가 강하다면 세상에서 가장 대면하기 두려운 것은 너 자신, 네 개성이니라." 했습니다. 두려움은 이 개성으로부터 일어나며 모든 공격성, 분노, 잔인함은 당신 생각 속에 있습니다. 벌집을 쑤신 것 같은 성가시고 소란스런 상황을 마주하지 않고자 한다면 명상을 외면하고, 자아 찾기를 외면하며, 스스로 죄책감을 느끼게 만드는 모든 것을 외면하는 것입니다. 자신을 마주할 때 당신 앞에 놓인 일이 자신의 개성을 깨끗하게 지우는 일임을 알게 됩니다.

  이것은 매우 어렵습니다. 얼룩과 비누 사이엔 언제나 투쟁이 있기 마련이며, 대부분이 그 투쟁을 원치 않습니다. 그것을 극복하려는 사람들에게 목표는 분명하고 가까이 있습니다. 구름 사이로 당신의 목표를 언뜻이라도 보았다면 희망을 만드십시오. 누구도 당신에게 신의 그림을 보여줄 수 없습니다. 그건 길이 아닙니다. 신을 찾는 데 당신의 몸을 맞추고, 당신이 먹는 것을 맞추고, 당신의 욕망을 맞추고, 당신의 직업을 맞추고, 당신 자신을 맞추는 것이 올바른 길입니다. 퍼즐의 모든 조각들을 모아서 신이라는 틀에 맞추십시오.

당신이 욕망의 깊은 바닥에 닿은 적이 없다면, 삶에서 자신이 완전히 붕괴되는 듯 느껴지는 어떤 순간을 깨닫지 못했다면 당신은 아직 신을 향한 여행을 시작하지 않은 것입니다. 그런 붕괴가 일어나자마자, 삶에서 가치를 두는 모든 것이 사라졌을 때 포기하게 됩니다. 당신 개성의 잔이 산산이 부서지면 그 순간 알 수 없는 존재에게 당신의 의지를 완전히 내맡깁니다. 그리고 바로 그곳에서 당신은 복종으로 완전함인 신을 찾게 됩니다.

> 당신이 내게 와 나를 일으켜 세우신다면
> 아니 당신이 존재하지 않더라도
> 당신이 그곳에 계시지 않더라도 나는 이곳에 남아
> 나의 의무와 하루의 일과를 행할 것입니다.
> 내가 남편이라면 가족을 먹여 살리고
> 당신께는 아무것도 바라지 않을 것입니다. 신이시여.
> 내가 아내라면 음식을 만들거나
> 밖에서 일하거나 아이들을 돌볼 것입니다.
> 의지와 사랑과 평화로
> 최선을 다해 이 모든 일들을 완벽하게 할 것입니다.

당신이 그곳에 계시다면
이것이 당신께 바치는 나의 봉헌임을 아실 것입니다.
이것이 나의 복종입니다.
내가 어디 있든 나는 완벽하게 할 것입니다.
나머지는 당신 손에
여기, 저기, 어디에나 존재하시는 당신께 달렸습니다.

그 내맡김이 성장의 씨앗이 됩니다. 그것 없이는 성장할 수 없습니다. 당신에게서 오점을 발견하게 될까 봐 두렵습니까? 그렇다면 신을 찾을 수 없을 것입니다.

신을 찾는 것은 자기 정화, 끊임없는 자아 제거의 기나긴 과정입니다. 그 과정에서 구루가, 스승이 찾아옵니다. 당신이 진정으로 신을 찾기 원하고 그 탐구를 하고 있다면, 그러나 자아를 대면하기에는 나약함이 있다면, 구루는 인위적으로 그 고통을 겪도록 합니다. 그분들은 당신이 절망을 겪고 고요히 당신의 절망을 바라보게 만듭니다. 밤낮을 가리지 않고 당신은 괴로움에 몸부림치며 말합니다.

"이건 뭐야? 왜 이런 일이 일어나지? 내가 뭘 잘못한 거야? 왜 내게 이런 일이 일어나지?"

당신은 멈출 수가 없고 마침내 이렇게 말하게 됩니다.

"답을 찾을 수 없어."

그러면 구루가 다가와 말씀합니다.

"당신의 절망을 보았습니다. 당신은 마침내 자신이 답을 찾을 수 없다는 걸 아는 데 이르렀습니다. 이제 내가 답을 보여주겠습니다."

세상을 살면서 30명의 사람들로부터 모욕당해야 할 사람을 구루가 미리 알아본 적이 있었습니다. 그 까르마는 해소되어야 합니다. 그런 까르마의 인상들인 삼스까라를 씻어내야 합니다. 그 까르마가 당신 것이라면 당신은 모욕을 참으면서 6개월간 그것을 겪고, 뒤이어 누군가가 6개월간 당신을 모욕하는 것을 겪고, 이런 식으로 남은 생애를 보내는 게 나은 일입니까? 아니면 구루가 그 30명의 사람들을 모아 함께 앉아서 그들이 당신을 한꺼번에 괴롭히고 모욕 주는 것이 나은 것입니까? 그 짧은 순간에 당신 삶에서 겪어야 할 서른 번의 모욕이 한꺼번에 지워지고 해소됩니다. 그러나 그 순간을 당신은 알 수 없습니다.

신의 첫 번째 경험은 평화와 사랑이지만, 그렇다고 반드시 다른 사람들과 평화를 경험하는 것도 아닙니다. 사람들은 평화를 전쟁이 없는 거라 생각합니다. 그렇지 않습니다. 신의 평화는 당신의 목표나 목적 또는 당신의 갈등과 평화로워지는 것을 경험하는 것이 아닙니다. 평화 그 자체 상태의 경험을 설명하기는 불가능합니다. 유일한 방법은 역장(Field of Force, 力場)으로 설명하는 것입니다. 자석 안의 자장이 갑자기 의식을 갖고 생명을 갖게 되면 어떻겠습니까? 어떤 방법으로 자신을 알 수 있을까요? 이 방의 빛이 갑자기 생명을 갖고 의식을 갖게 되면 어떻게 자신을 알게 될까요? 그런 것이 신 안에 머무는 체험입니다. 이런 경험에는 대상이 없습니다. '나 아닌 것'에 상반되는 '나' 조차도 없습니다. 이는 전부이자 어떤 것도 아닌 공(空)의 경험입니다.

공(空)이란 '이도 저도 아니고, 그 외도 아니며, 가깝지도 멀지도 않고, 움직이지도 안 움직이지도 않음'을 의미합니다. 이는 당신이 잃어버리거나 찾은 것이 아니듯, 그때와 다른 지금도 아니고, 지금과 다른 그때도 아닙니다. 속박으로부터의 자유와도 다릅니다. 당신은 속박되어 있을 때만 해방이란 말을 씁니다. 그러나 자신의 지식과 경험 안에서 해방된 영혼은 '해방'을 소유하지 않습니다. 속박된 영혼만이 그런 용어를 사용합니다. 스승, 성자, 예언자는 속박된 영혼들을 위해 시공과 인과의 속박으로부터의 자유, 해방을 말하는 것입니다. 신이라는 자아에 대한 해방이 찾아오면 이전의 속박에 대해 할 말이 없을 것입니다. 이전의 속박이란 없기 때문입니다. 영원한 자유에는 전제가 없습니다. 이 점이 속박된 영혼이 가장 이해하기 어려운 부분입니다.

"스승이시여, 내게 속박이 없다 하시면서 속박으로부터 자신을 해방시키라 말하십니다. 한편으로는 내 안에 모든 사랑과 평화를 가지고 있다 말하시면서 다른 한편으로는 마치 다른 곳에 있는 듯이 내 노력으로 얻어야 하는 것처럼, 은사를 구해야 하는 것처럼 평화와 사랑을 찾으라고 가르치십니다."

이런 것은 속박된 사람의 언어입니다. 그러나 당신이 명상 안에서, 그리고 명상 외적으로 영혼의 자유를 경험하면 할수록 확신컨대 그런 말은 사라질 것입니다. 그렇게 되면 미래의 속박뿐 아니라 과거의 속박도 존재하지 않습니다. 모든 과거와 현재, 미래가 영원 속에 녹아들기 때문입니다.

지금은 이 모든 것이 이론적으로만 들릴지 모릅니다. 그러나 당신이 진정으로 신을 경험하기 시작하면 당신 의식 안에서 영원의 끝자락에 살짝 스치기만 한 것을 설명할 길이 없을 것입니다. 당신은 당신의 잠의 본성에 대해 다른 사람에게 설명할 수 있겠습니까? 아무 말도 할 수 없습니다. 그것은 깨어 있는 동안에는 어떠한 기준으로도 설명할 수 없습니다. 한 번이라도 당신이 완전한, 깨어 있는 바다였던 적이 있다면 해변의 얕은 물에 발가락을 적시고 있는 사람에게 뭐라고 말하겠습니까? "나는 바다다?". 바다에 없는 게 무엇입니까? 갑자기 당신이 해변의 얕은 물에 발가락을 적시고 있다가 일변하게 됐다면, 그리고 당신의 생각을 깊은 바다 대륙붕 저 밑의 대양으로 보냈다면, 마음이 애초에 그러하듯이 속박된 자아 밖으로 나왔다면, 그래서 북극에서 남극까지, 태평양에서 대서양과 인도양까지, 이제까지도 그랬고 앞으로도 그럴 모든 해류와 조수와 함께 전 바다를 거닐었다면, 비록 짧은 일 초더라도 그 시간은 얼마나 될까요? 영원히 지속됩니다. 당신이 시간의 세계로 돌아와 시계를 본다면 일 초입니다. 그러나 그 안에 머무는 동안에는 일 초가 아니라 영원입니다. 영원에 머물게 되면 시계도 없고, 어제도 내일도 없으며,

영원에 들어선 순간과 영원에서 벗어나는 순간도 없습니다. 그렇게 되면 숫자는 무한이 되어 영원에 잠깁니다.

신이 어디 있는지 알고 싶습니까? 당신이 "순간"이라 말할 때 'ㅅ'과 'ㅜ' 사이에 끊김이 있습니다. 당신 마음이 총체적인 소리의 진동에 가 있어서 알아채지 못하지만 신은 그 끊김 안에 있습니다. "신"이라 말할 때 'ㅣ'와 'ㄴ'은 섞이지 않습니다. 우리의 귀가 끊김에 주목하지 않기 때문에 그렇게 들릴 뿐입니다. 그러나 'ㅣ'와 'ㄴ' 사이에 진동이 있습니다. 그것이 신입니다. 손을 보면 손금과 손가락 사이의 공간이 보입니다. 그러나 더 가는 실금에 주목하면 그 실금 사이에 공간이 있으며 그곳에 신이 있습니다. 당신이 원자에 주목하면 그것은 원자입니다. 당신이 그 원자의 작은 에너지 입자에 주목하면 그 입자의 크기가 얼마나 되겠습니까? 그것이 우주 전체만큼 큰가요? 하지만 또 다른 형태의 에너지를 가져가 그 조각에 충격을 가한다면 무슨 일이 일어납니까? 충격의 결과 집중이 일어나고 이를 통해 조각은 즉시 팽창해 *완전히 다른 세계*(로까 *loka*), *완전히 다른 차원*에서 에너지의 가장 건설적이거나 혹은 가장 파괴적인 폭발을 일으킵니다.

많은 사람들이 세상을 경험하고자 합니다. 그렇게 계속 하십시오. 경험하세요. 그런데 사는 동안 어떤 경험을 하려 합니까? 원자 폭발의 핵분열을 앞둔 미세한 에너지 입자에 당신 마음을 집중할 수 있습니까? 세상의 모든 우라늄에 주목하지 마십시오. 당신 마음을 단 하나의 작은 에너지 입자에 집중할 수 있겠습니까? 그렇다면 마음을 다해 그 작은 에너지 입자에 몰입해 에너지의 폭발을 경험하십시 오. 마음에 무엇이 일어납니까? 그것이 신의 경험입니다.

당신은 집중을 통해 중심에 이르게 됩니다. 이는 이전에 한 번도 경험하지 못한 것이며, 전 우주의 폭발이 거기서 일어납니다. 모든 우주가 신의 작은 한 점에서 일어납니다. 거기서 이제까지와 앞으로의 모든 공간과 시간이, 모든 존재와 인류와 그들의 모든 진화가, 공룡의 울음소리에서 사전 속 단어까지 모든 지식이, 모든 언어와 단어가 하나의 점으로 모여 영원으로 빨려 들어갑니다. 이런 것이 명상 안의 신입니다. 우리는 그것을 원 속의 한 점으로 표현합니다. 원을 더 가까이 작게 그리십시오.

그러면 차원이 없는 한 점을 갖게 됩니다. 점을 확장하면 원이 됩니다. 핵폭발 시 일어나는 모든 에너지는 원으로 확대된 하나의 미세한 에너지 입자입니다.

신이 어떤 종교, 혹은 교회에 속해 있겠습니까? 한 이야기로 답을 찾아봅시다. 16세기 인도에 까비르Kabir라는 성자가 살고 있었습니다. 그는 힌두교도와 이슬람교도들을 비판하였지만 양 종단에서는 서로의 성자라고 주장했습니다. 그가 죽자 힌두교에서는 화장을 하고 이슬람교에서는 매장을 하려 해서 양쪽이 그의 몸을 가지고 싸웠습니다.

힌두교에서는 "그는 힌두교인이다. 그래서 우리는 그를 화장해야 한다." 하고, 이슬람교에서는 "아니다. 그는 이슬람교인이다. 그가 힌두교에 대해 얼마나 많은 비판을 했는가 봐라." 하였습니다. "그렇지만 이슬람교에 대해서도 얼마나 많이 비판했나 봐라. 그는 매장해야 한다.", "아니다. 그는 화장해야 한다." 이렇게 싸움을 했습니다.

그들이 마침내 수의를 벗겼을 때 몸은 없어지고 꽃만 남아 있었습니다. 그래서 힌두교인들은 꽃의 절반을 가져가 화장하고, 이슬람교인들은 나머지 절반을 가져가 매장했습니다.

신은 어떤 종교에도, 교회에도 속해 있지 않습니다. 모든 종교, 모든 교회에 신이 있습니다. 모든 종교는 자신이 직접 체험한 신을 말하는 누군가로부터 시작되었습니다. 그러면 사람들이 "맞습니다. 나는 그것을 믿습니다."라고 말합니다. 위대한 스승이 자신의 직접 체험을 말하면 듣는 이들은 모든 이성적인 의구심을 지우게 됩니다. 어떤 논리나 이성적 논의도 그 경지로 당신을 이끌지는 못할 것입니다.

첫 번째 신의 경험은 평화입니다. 신을 의식하는 첫 단계는 타인과의 평화도 아니고, 내면에서 갈등하는 마음의 두 측면의 평정도 아닌, 평화의 존재, 평화의 터전입니다. 옴 샴 *Om sham*,[20] 옴 *Om*[21], 이것이 평화입니다.

신은 영원처럼 변하지 않습니다. 흙으로 빚은 잔을 하나 손에 들고 있으면 잔 안과 밖에 공간이 있습니다. 내 손과 잔 사이에도 공간이 있습니다. 그 공간은 내게 속한 공간이며, 내가 서 있는 방 안의 공간입니다. 잔 속의 공간은 방 안 공간의 일부입니다. 이 방의 공간은 이 집 공간의 일부이며, 이 집은 도시, 행성, 전 우주 공간의 일부입니다. 내가 잔을 깨버린다면 잔 속의 공간은 어떻게 됩니까? 사라지기라도 합니까? 베단따 철학의 위대한 해설자

---

20 aum shanti의 준말.
21 우주의 우주적 진동: 보편적인 만뜨라. aum과 같음. 마음의 네가지 상태, 의식,잠재의식, 초의식 또는 우주적 마음.

상카라는 *호리병 안의 공간*(가따까샤*ghatakasha*)과 *수도원 안의 공간*(마따까샤*mathakasha*)에 대해 말했습니다(호리병과 수도원은 몸을 지칭한다). 공간은 변하지 않습니다. 무한한 공간보다 더 섬세하고 신비한 신도 변하지 않습니다. 우빠니샤드의 찬송을 들어봅시다.

> 미세한 것보다 더 미세하고
> 가장 광대한 것보다 더 광대한
> 전 우주의 공간
> 신의 진아가 한 동굴에 깃들어 있다
> - 〈까타 우빠니샤드〉 Ⅱ. 20

현명한 자는 쓸모없는 일로 노력을 낭비하지 않고, 고뇌로부터 자유롭게 기쁨에 겨워 자신의 광영이요 자신의 위대함인 동굴에 깃든 한 존재를 보고 경험합니다. 행동으로 신을 찾게 될까요? 아니면 은총으로 신을 찾게 될까요? 둘 사이엔 차이가 없습니다. 신의 잠재력(가능성) 안에 의지, 지식, 행동 이 셋은 하나이기 때문입니다. 샥띠(신의 잠재 능력)가 곧 신의 여성성입니다.

제 3 장

어머니 여신의 눈길

신을 사랑하는 사람(신을 사랑하되 신으로부터 동떨어져 자신이 신을 향한 사랑을 가졌음을 알지 못하고 자기 마음이 우연히 연을 맺게 된 것을 추구하는 데 모든 에너지를 써버리는 사람)은 솟구치는 에너지의 강력한 감정을 경험하게 됩니다. 이런 에너지는 언제나 신성한 사랑 안에서 그 기원을 찾을 수 있습니다. 능숙한 도둑질을 계획하는 강도, 걸작을 그리는 화가, 어디서 오는지도 모른 채 덧없이 아름다운 어법과 표현을 갖다 쓰는 시인, 여체에 미친 남자, 항상 섹스에 만족 못하는 여자, 이 모두가 우리의 *짜끄라*[1]를 통해 쏟아지는 신성한 에너지, 샥띠, 꾼달리니의 표출입니다. 그러나 우리는 스스로의 한계로 인해 그 에너지의 진정한 원천을 인식하지 못합니다.

신으로부터 오는 에너지의 어마어마한 폭우는 늘 우리가

---

[1] 문자적으로는 '수레바퀴'라는 뜻이다. 짜끄라는 의식의 센터로 척추를 따라 위치한 주신경계와 일치한다. 7개의 주요 짜끄라가 있으며, 정수리에 있는 최고의 짜끄라인 사하스라라 짜끄라는 성스러운 우주 의식과 결합하는 영적 중심이다.

신성하다고 생각하는 방향으로 오지는 않기 때문에 신의 사람은 결코 남을 판단하지 않으며, 불경해지지 않기 위해, 또 사람들을 판단하지 않기 위해 수행합니다. 거대한 성 에너지, 위대한 지성, 위대한 영감, 위대한 통찰력, 심지어 세속적 권력을 향한 거대한 광기조차 영혼이 준비되어 있다면 장인의 손길 한번으로 손쉽게 그 모든 것을 신에게로 향할 수 있습니다. 궁극적으로는 하나의 에너지 원천만이 있기 때문입니다.

브하뜨리하리Bhatrihari 왕처럼 방황하는 사람들이 많습니다. 그는 수도자 대열에 들기 위해 세속적인 집착을 일곱 번 끊었으며, 자신과 아내의 쾌락을 위해 왕국으로 여섯 번 되돌아왔습니다. 그는 300편의 시를 지었는데, 성애를 예찬하는 100편의 시와 분별력 있는 속세의 삶을 칭송하는 100편의 시, 그리고 *평정*(바이라갸*vairagya*)을 찬양하는 100편의 시를 썼습니다. 그는 금욕의 전통에서 가장 위대한 이 중 하나가 되었지만, 오랫동안 자신의 모든 에너지를 어디에 집중해야 할지 결정할 수 없었습니다.

에너지는 운동능력이나 활동적 형태, 즉 많은 움직임이나 그로부터 획득한 것만을 의미하지 않습니다. 그것은 내면의 흐름을 의미합니다. 종종 사람은 이 에너지를 가지고 무엇을 할지 몰라서 분노와 공포로 미치든가 섹스에 쏟아버리든가 위대한 시와 문학작품을 만듭니다. 그 모든 것은 자신에게서, 신의 천재성이기도 한 자신의 천재성에서 흘러나온 것입니다. 셰익스피어나 레오나르도 다 빈치는 모든 것에 내재한 신의 빛줄기, 곧 꾼달리니로부터 걸출한 다작의 힘을 받았습니다. 그들은 비록 작품의 원천이 무엇인지 몰랐지만 그 힘은 여전히 거기 있었습니다.

감정 에너지는 울음이나 웃음과 같은 주파수입니다. 뒤틀린 에너지는 알코올 중독자를 만듭니다. 군대의 행진, 그 요동치는 에너지조차 영적인 원천을 갖고 있습니다. 그러나 그 근원을 인지해야만 성자가 됩니다. 보통 사람과 성자의 유일한 차이는 성자는 자기 에너지의 원천을 인식한다는 사실입니다. 그것을 인식하면 당신은 자신의 힘의 원천에 의지할 것입니다. 한때 강도질을 계획했던 힘과 집중을 이제 기도에 쏟아부을 것입니다. 이전에 이성을 좇는 데 사용했던 그 집중으로 이제 성모를 추구할 것입니다.

다시 말하지만 명상 중 첫 번째, 신의 경험은 끝없는 평화입니다. 서서히 그것은 잘 통제된 무한한 에너지의 경험이 됩니다. 당신 에너지의 원천을 알게 되면 즉시 올바른 방향으로 어디에도 낭비하지 않고 그 에너지를 돌릴 수 있습니다. 그것은 평화로운 에너지의 경험입니다. 예를 들면 자석을 가지고 두 가지 경험을 할 수 있습니다. 대부분 사람들은 핀과 바늘이 자석에 달라붙는 것만 봅니다. 그러나 사람은 자신의 존재만으로, 자신은 움직이지 않으면서 모든 것을 움직이는 세속적이지 않은 신성한 에너지 같은 자석의 존재를 경험할 수 있습니다.

Tad-ejati tan naijati tad-dure tad-v-antike
Tad-antarasya sarvasya tad-u sarvasyasya bahyatah
그것은 움직이지만 움직이지 않으며, 멀고도 가깝다.
그것은 모든 것 안에 있으며, 또한 모든 현상계 밖에 있다.
– 〈이샤우빠니샤드〉 I. 5

에너지 장이 매우 강화되면 거대한 빛이나 부딪침 없는 소리를 경험하게 됩니다. 명상 초기에는 뭔가 움직이는 것, 작은 빛, 작은 에너지의 소용돌이를 경험하지만 그게 뭔지 모릅니다. 하지만 그것은 더 강해져 당신을 감쌉니다.

주체와 객체의 분별이 사라집니다. 빛은 누구고 빛을 보는 자는 누구입니까? 이런 구분이 사라집니다. 누가 소리고 누가 소리를 듣는 자입니까? 그런 구분도 사라집니다. 그러므로 아르쥬나와 사도 바울[2]이 말한 무심결의 경험은 동시에 하늘에서 빛나는 만개의 태양 같은, 의식을 때리는 번개로부터 온 한줄기 빛입니다.

'소-함soham'이란 말은 베다의 시구에 나옵니다.

> *Yo'sav-aditye purushah so'sav-aham*
> 태양 속에 빛나는 사람, 그가 곧 나다.
> – 〈야주르베다〉 XL. 17

따라서 내면의 빛과 외부의 빛의 분별이 사라집니다. 과거와 현재와 미래가 융합됩니다. 빛은 어디에나 있으므로 공간의 구분이 없습니다. 당신은 내가 그 빛이며 비치는 모든 곳임을 알아차립니다.

나는 모든 곳에 존재합니다. 몸을 체험하며 발끝을 생각할 때 그것을 생각하기 위해 발끝까지 내려가야 합니까? 아닙니다. 당신은 발끝을 봅니다. 누가 무엇을 봅니까?

---

2 신약성서(사도행전 9장 3-9절) 참조.

당신의 발끝과 눈 사이의 연결이 안에 있습니까, 밖에 있습니까? 당신은 정수리부터 발끝까지 모든 것을 포함하는 장(場)입니다. 그러므로 다른 사람들이 발끝과 눈을 보는 곳에서 당신은 자신만을 봅니다. 다른 이들이 해와 달, 별과 은하, 우주를 보는 곳에서 신은 진아를 봅니다. 그 신성한 시각의 작은 불꽃만이라도 빌릴 수 있다면 무슨 일이 일어날까요? 무한의 일부만 경험할 수 있습니까? 이것은 기독교 이론과 요가철학 모두에서 매우 중요한 질문입니다.

인도의 많은 철학학파에서는 개인은 그의 영혼이 무한하지 않기 때문에 결코 신의 전부를 경험할 수는 없다고 주장합니다. 그러나 베단따 철학은 가장 가치 있는, 무(無)이자 전부인 모든 것을 포함하는 하나, 브라흐만에 대해 말합니다. 사실 당신들은 너무 오랫동안 신과 동떨어진 존재였기 때문에 신의 전부를 경험할 수는 없지만, 당신들이 오직 그 모든 것의 진동이라면 모든 것은 당신과 떨어져 있지 않습니다. 발가락이 스스로 당신을 알 수는 없지만 당신은 자신의 모든 부분을 하나로 인식할 수 있다. 그러나 자신의 전체는 어디서 시작되고 그 일부는 어디서 끝이 나는지는 말할 수 없습니다. 신에게 있어 부분이란 없습니다. 무한에는 작은 숫자들이 없습니다. 그러므로 아무런 소망이 없고 아쉬움도 없으며 그 결과 욕망이 없으며 질문도 없는, 따라서 답도 대화도 없는 완전한 전부를 경험하게 됩니다. 당신은 순간적으로 다른 곳에 머물게 됩니다. 그러한 경험이 신의 경험하는 것입니다.

처음 그런 경험을 시작하면 어쩔 줄 몰라합니다. 노래하고 싶고, 춤추고 싶고, 남들에게 그것을 설명하기 위해 아름다운 말을 지어내고 싶어합니다. 하지만 듣는 사람들은 그것을 아름다운 운율로 치부해버립니다.(얼마나 많은 사람들이 '십자가의 성 요한' - 16세기 스페인 사제, 갈멜 수도회 소속 영성가, 시인 - 을 읽고 진정으로 그를 체험하겠습니까?) 얼마 후에 자신의 모든 것을 압도하는 에너지에 동화되고 나면 환희가 아닌 평화가 당신에게서 우러납니다.

환희는 신비주의에 어울립니다. 요가체계에서 그런 상태는 삼쁘라갸따 사마디(*samprajnata samadhi*: 낮은 수준의 사마디)입니다. 그러나 아삼쁘라갸따 사마디(*asamprajnata samadhi*: 최상의 사마디)에서는 그런 황홀경이 사라집니다. 더 이상 동요가 없습니다. 환상적인 즐거움, 황홀한 표현

그 자체는 너무나 아름다워 수행이 상당히 진보된 사람만이 가질 수 있지만, 그럼에도 여전히 신비주의 단계에 있는 것입니다. 최상의 사마디는 환희를 초월합니다. 아삼쁘라갸따 사마디에 든, 절대적이며 완벽하고 완성된 명상 스승들에겐 하나의 통일장만이 존재합니다. 대상이 없는 전의식 상태에서 감정은 흐르지 않습니다. 스승이 다른 사람들의 감정을 끌어올릴 수는 있으나, 스스로는 어떤 동요도 없습니다. 당신은(스승의 명상상태 - 아삼쁘라갸따 사마디)가 지루하다 말할지 모르겠지만, 스승은 당신의 것(삼쁘라갸따 사마디)이 지루하다 생각합니다. 황홀감은 제한된 공간 안에서만 일어나기 때문입니다. 그러나 당신이 빛의 기둥, 조띠르 링가*jyotir-linga*를 경험하고 나면 제한된 공간의 황홀감은 진실한 것이 아닙니다.

뿌라나에 대한 신비한 이야기가 하나 있습니다. 먼 옛날 세상을 창조하기 전에 창조자 브라흐마와 보존자 비쉬누가 빛의 기둥, 조띠르 링가를 보게 되었습니다. 그리고 "이것의 시작과 끝을 찾아보자." 하였습니다. 그래서 하나는 위로, 다른 하나는 아래로 시작과 끝을 찾아 빛의 기둥을 따라갔습니다. 그들은 계속 영겁의 세월을 이어갔습니다.

수많은 창조와 소멸의 주기(윤회)가 지나도록 갔지만, 빛의 기둥의 끝을 찾을 수 없었습니다. 그래서 처음 있던 곳으로 돌아왔습니다.

> "조띠르 링가의 끝을 찾았는가?
> "아니, 당신은?"
> "아니."

그 무한 속에서 어디에 위가 있고 아래가 있겠습니까? 하늘을 나는 조종사는 위와 아래를 알지 못하고 기계장치에 의존해야 합니다. 우리의 위와 아래라는 개념은 지구에 바탕을 둔 개념입니다. 그럼에도 이 물질적인 세계에서조차 위아래를 분간 못하는 상태를 바로 찾을 수 있습니다. 구름으로 가득한 하늘에서도 그러한데 의식의 *내면공간*, 찌다까샤*chid-akasha*에서야 얼마나 더하겠습니까?

무한한 통일장의 경험은 곧 평화의 경험입니다. 통일장은 전부이기 때문에 그 안에는 갈등이 없습니다. 또한 그것은 사랑입니다. 그 안에는 당신과 나의 구분이 없습니다. 그 사랑을 경험하십시오. 내가 당신을, 당신이 나를 사랑하는 그런 사랑 말고, 당신과 나의 구분이 없는 사랑 말입니다. 평화란 갈등하는 양측 사이의 평화가 아닙니다. 대립과 이원성, 그리고 상반의 원리가 멈추기 때문에 갈등하는 이편과 저편이 없습니다. 이것이 곧 무한한 빛의 통일장입니다. 아무리 밝더라도 속세의 빛은 작은 조각에 불과합니다. 무한한 통일장은 신의 거대한 발끝에 있는 에너지장이며, 그 안에 신의 거대한 발끝인 전 우주의 모든 에너지가 있습니다.

우주적 의식을 이야기하는 사람은 신의 본성에 대해 무지하기 때문에 그리 말합니다. 우주적 의식은 위대한 것이 아닙니다. 물질로 된 우주는 신의 눈으로 보면 한계가 있는 것입니다. 그것은 작은 공입니다. 신은 그걸 가지고 놀이를 합니다. 지구와 해와 달이 그 운행을 계속하는 동안 신은 앉아서 발가락을 꼼지락거리며 놉니다. 우주는 아무것도 아닙니다. 그것은 우리에게는 대단히 크지만, 우리도 개미에겐 무척 큽니다. 우리가 신입니까? 개미는 아메바에게는 대단히 큽니다. 개미가 신입니까? 우리는 작은 혈액세포에 비하면 대단히 크지만, 그렇다고 우리가 신입니까? 우주적 의식은 아주 오해를 살 만한 표현입니다.

사람이 로고스Logos[3](보편적 법칙, 사물의 성립 규정)를 받아들일 수는 있어도 우주는 아닙니다. 그래서 경전은 이렇게 말합니다.

> 그녀 왼발의 작은 발톱의 순수함에서
> 찬란한 빛줄기가 나옵니다.
> 그녀 왼발 작은 발가락의 순수한 발톱에서
> 쏟아져 내리는 빛줄기로 온 세상이 보입니다.

경전에서는 계속해서 이렇게 말합니다.

> 신성한 어머니, 신성한 여인, 신인 여인, 신의 전 존재의 가능성인 여인, 샤띠에게 바치는 아름다운 시가 있습니다. 그 잠재력(샤띠) 없이는 우주적 의식인 쉬바조차 시체(샤바)입니다. 이 신의 잠재력, 샤띠는 수많은 찬가로 칭송됩니다. 누군가 쉬바와 샤띠의 차이점을 묻는다면, 신과 그의 능력의 차이를 묻는다면, '없다'가 답입니다.

> 그녀 발에 붙은 먼지조각을 떼어 창조자(브라흐마)가 공간에 집어

---

[3] 고대 그리스 철학이나 신학의 기본 용어. 사물의 존재를 한정하는 보편적인 법칙, 행위가 따라야 할 준칙, 이 법칙과 준칙을 인식하고 이를 따르는 분별과 이성(理性)을 뜻한다.

던지자 그 먼지들이 모든 행성과 은하가 되었습니다. 오직 세속에 남겨진 존재의 뱀, 쉐샤(원시의 존재, 신의 현현, 바가바따 뿌라나에 의하면 머리에 두른 두건에 우주의 행성이 박혀 있다고 함.)는 위대한 노력으로 창조의 시간 동안 세상을 머리로 이고 있으며, 시바는 자신의 몸에 그 재들을 문질러 전 우주를 파괴합니다.

잠재력의 후광인 샥띠, 바로 그 광휘 한줄기, 광채 한줄기, 빛 한줄기가 당신의 모든 힘을 이끌어내는 척추 속의 수슘나*sushumna*[4]입니다. 인류의 모든 시, 역사, 위대한 작가와 사상가, 철학자들의 작품은 샥띠의 광채 한줄기로부터 뇌로 전해진 작은 떨림에 지나지 않습니다.

요기들은 종종 이런 질문을 받습니다.

"왜 신이 우주를 창조합니까?"

여기에는 "신이기 때문입니다." 외에 다른 답이 없습니다. 나는 왜 말합니까? 알기 때문입니다. 당신은 왜 사랑합니까? 당신이 사랑을 갖고 있기 때문입니다. 신은 왜 창조하는가? 신이 창조성을 갖고 있기 때문입니다. 창조성이 없다면 신은 무엇이겠습니까? 신이 왜 빛을 만드는가? 신이 빛이기 때문입니다. 그러면 이렇게 묻습니다.

---

[4] 원초적 생명력이 운행하는 척추 내부의 기의 통로. 수슘나를 각성시키지 않으면 원초적 생명력, 즉 척추 밑바닥에 있는 꾼달리니가 상승할 수 없다.

"유일신을 믿습니까? 아니면 여러 신을 믿습니까?"

하나의 숫자는 무한을 창조할 능력이 없지만, 무한은 모든 숫자를 그 안에 갖고 있습니다. "무한이 무엇 때문에 숫자를 만듭니까?" 하고 묻습니다. 무한은 모든 것을 내포하기 때문입니다. 무한의 일부만 볼 때 우리는 숫자를 봅니다. 신의 권능, 위대한 가능성의 일부만을 볼 때 우리는 우주를 봅니다. 이것이 요가철학에서 신이 우주를 창조한다고 말하지 않는 이유입니다. 마치 바다가 물결이 되듯, 신은 우주가 된다고 말합니다.

마음속에 원의 관념을 가지고 인지를 엄지 끝에 붙이면 나는 무엇을 갖게 되죠? 원, 나는 원을 창조했습니까? 아니면 원이 되었습니까? 둘 사이에 차이는 없습니다. 나는 원이 되어서 원을 창조합니다. 나는 원을 창조해서 내 일부가 원이 됩니다. 첫 번째 창조는 의식 속에 있습니다. 마음속에 있습니다. 나는 원의 관념을 갖고 있습니다. 관념은 스스로를 밝혀야 합니다. 그렇지 않으면 그 관념은 쓸모가 없습니다. 내가 엄지와 검지를 붙여 만든 원이 스스로 그 관념과 분리되어 있다 여기면 그것은 분리된 것입니다. 머릿속에 있는 전 우주의 모든 원들의 전형으로부터 분리된 것입니다. 내 엄지와 검지의 원이 내 마음속 원과 분리된 채 남으면 그것은 작고 하찮은 존재가 되어 '왜 내가 만들어졌지?' 하는 의문을 갖게 됩니다. 그러나 그 원이 내 마음속 원과의 관계를 안다면 그런 의문은 더 이상 일어나지 않습니다. 내가 특정한 원이 아닌 순수한 원의 이데아[5]를 생각할 때 내가 생각하는 것은 전 우주의 모든 원이며, 그 전체 원으로부터 하나의 작은 원이 나오기 때문입니다. 그러면 내가 엄지와 검지를 떼면 원이 파괴됩니까? 흑판에 원을 그렸다가 지우면 얼마나 많은 원들이 파괴됩니까? 그로 인해 우주의 원형이 파괴됩니까? 원의 관념이 파괴됩니까?

원은 알려지지 않은 것에서 알려진 것까지 어디에나 있습니다. 전 우주, 우주의 모든 파동과 진동, 모든 남자와 여자 그리고 한계들, 그들 간의 상호작용(하나의 상호작용이 누구에겐 고통이고, 다른 이에겐 기쁨이 됩니다. 그러나 궁극적으로는 기쁨도 고통도 아닙니다.), 그 모든 것이 하나의 종합적인 잠재력, 전능, 신의 샥띠 안에 존재합니다. 그로부터 모든 것이 나타나고 그 안에 모든 것이 존재하며 그 안으로 모든 것이 하나 되어 녹아드는 존재가 절대적인

---
[5] 플라톤 철학의 기본 개념으로 동사 이데인(idein: 보다, 알다)의 파생어.

니르구나 브라흐만입니다. 조건 없는, 규정할 수 없는, 무한한, 개체의 속성도 이름도 형식도 지위도 크기도 형태도 없는, 니르구나[6]의 존재가 곧 브라흐만입니다.

 요기는 명상 중에 브라흐만을 알고 브라흐만을, 전체를 앎으로써 원한다면 그 모든 부분을 알 수 있습니다. 베단따 철학에서는 브라흐만을 설명하기 위해 늘 공간에 대한 분석을 이용합니다. "옴, 캄 브라흐만(*Om, kham Brahman*), 옴은 공간, 브라흐만이다.". 내 손에 호리병을 들고 당신에게 옮긴다면 호리병 속의 공간은 어떻게 되는 겁니까? 그게 움직입니까? 호리병을 여기서 저기로 옮길 때 그 공간도 당신에게로 옮겨집니까? 내게 코와 위와 입의 공간이 있습니다. 내가 여기서 저기 당신에게로 가면 내 안의 공간은 어떻게 됩니까? 그 공간들은 날 따라옵니까 아니면 남겨집니까? 도시의 모든 이들이 차(차는 닫힌 공간입니다.)를 가지고 도시 밖으로 나가면, 그 공간을 가지고 나가는 것입니까? 그들이 떠난 뒤에 도시의 공간이 그만큼 줄어듭니까?

 3차원 세계의 규칙들이 깨지는 것을, 그것들이 맞지 않게 되는 것을 쉽게 볼 수 있습니다. 당신이 빈 가방을 들고

---

[6] 'guna'란 속성, 성질이라는 뜻이며 'nir'란 무(無)라는 뜻으로서 니르구나는 무성(無性)을 의미한다.

간다면 어떤 나라, 어떤 세관에서도 가방을 검사하지 않습니다. 큰 틀의 규칙은 세세한 수준에 맞지 않습니다. 때문에 브라흐만은 공간, 아까샤에 비유됩니다. 당신은 가방이나 차 안의 공간을 따지거나 거기에 가격표를 붙이지도 않습니다. 그러나 많은 땅을 사게 되면 땅뿐 아니라 그 위의 공간도 당신의 개인 소유가 됩니다. 누군가 어떻게든 땅에서 1~2미터 위의 공간에 들어온다면, 들어와서 "나는 당신 땅을 점유하지 않았습니다. 단지 한계를 따질 수 없는 공간에 머물 뿐입니다." 이렇게 말한다면 당신은 거기에 있도록 두겠습니까? 헤아릴 수 없으나 헤아리는 것, 그것은 역설입니다.

헤아릴 수 없는 것을 헤아리게 만드는 것이 마야maya[7]입니다. 그것은 마술쇼와 같습니다. 공간을 측정할 수는 없으나 마음속에서 가늠할 수 있습니다. 당신이 무한한 의식을 멀리하고 유한한 부분 관념을 가까이할 때마다 당신은 즉시 브라흐만의 의식으로부터 마야의 세계로 들어가게 됩니다. 그 마야는 마하마야, 즉 우주의 모태입니다. 그것 또한 창조력, 샥띠입니다. 사실 일부 경전에서는 창조력을 신의 부정적인 힘이라 합니다. 당신이 헤아릴 때면 무한을

---

[7] 미망과 환상에 찬 세계. 원래는 마술, 신비한 힘 따위를 뜻하는 말(magic)과 같은 어원이었으나 후에 현상계에 표출되는 환영, 미망을 뜻하는 말로 쓰이게 되었다.

숫자로 제한해 나머지 전부를 부정하기 때문에 그것은 우주의 부정적인 힘입니다. 의식을 무한보다 작은 어떤 것으로 줄이는 힘이 마야입니다.

브라흐만이 무한한 의식 속에서 과거, 현재, 미래가 없는 한순간, 모든 잠재능력, 모든 샥띠를 자각할 때 그것은 브라흐만입니다. 그러나 그 브라흐만이 전능함 속에 수많은 힘들을 자각하는 순간, '많은 수'라는 단어를 일깨우는 순간 그것은 마야가 됩니다. 전부가 여럿으로 나뉘는 순간, 그 많은 것 중 하나를 택하는 순간, 당신은 하나와 또 다른 하나 사이에 관계를 맺게 됩니다. 하나이되 여러 형태를 지닌 다면적인 것의 서로 다른 부분들 사이에 관계를 맺습니다. 그리고 그 부분들과 다면체 전부가 마치 창조자 안으로 녹아드는 꿈처럼 겹쳐진다면 그것은 다시 브라흐만입니다.

우주가 신의 꿈이라 부르는 이유는 그것이 당신이 꿈꿀 때 겪는 것과 같은 과정의 결과이기 때문입니다. 꿈의 형상들은 어떻게 되는가? 그것들은 당신 의식의 발현되지 않은 장(場)에 자리를 잡고 당신의 마야로 나타납니다. 그러고는 또다시 그 안에 가라앉습니다. 당신이 눈뜨면 더 이상 꿈의 궁전도, 거리도, 싸움꾼도, 구경꾼도 없습니다. 분화되지 않은, 조건 없는 니르구나 nirguna 속에, 구나에서 자유롭고, 속성으로부터 자유롭고, 설명할 수 없으며 매임이 없고, 속박이 없으며, 과거도 현재도 미래도 아니면서 모든 시간을 아우르는 그 최상의 명상의식 속에 다면적인 세상은 더 이상 나타나지 않습니다. 공간의 구분은 더 이상 없습니다. 전 공간, 전 브라흐만을 한순간에 경험하게 되며, 그 경험은 모두에게 가능한 것입니다. 당신 에너지의 한 실마리만 붙잡아도, 어떤 생각이나 경험의 끈이라도 그 원천으로 따라가면 당신은 브라흐만에 이르게 됩니다.

이제 존재하는 것이 유일신인지 여러 신들(다신)인지 의문이 생깁니다. 하나인 브라흐만은 마야를 통해 이 우주의 본성, 쁘라끄리띠를 만들어냅니다. 그것은 사뜨바, 라자스, 따마스 이렇게 셋으로 구성됩니다. 〈바가바드기따〉에 이르기를, "나의 마야는 나의 쁘라끄리띠다. 그것이 나의 본성이다. 본성은 나의 마야, 나의 마법이다.". 그러므로 모든 것을 망라하는 하나의 위대한 장(場)으로부터 생성되는 작은 장(場)들은 당신이 원하는 만큼 존재할 수 있습니다.

지혜를 일으키는 샥띠가 있습니다. 그것은 하나인 브라

흐만의 샤띠입니다. 욕망과 열정을 일으키는 샤띠가 있으며, 그것들을 사라지게 만드는 샤띠가 있고, 번성하게 돕는 샤띠가 있습니다. 이 모든 샤띠들, 브라흐만과 연계는 있으되 각각의 장(場)에서 역할하는 의식의 영역들은 신, 여신, 남성 또는 여성으로 불립니다. 초월적인 피안의 브라흐만이 전 우주의 신이 되어 우주가 신 안에 가득 차게 만들 때, 당신의 영혼이 물리적인 몸을 갖듯 우주는 신의 몸이 됩니다. 그리 되면 신은 전 우주의 통치자, 군주, 주인(이슈와라Ishvara)으로 불리게 됩니다. 당신이 우주적인 몸(꼼지락대는 브라흐만의 발가락에 불과하지만)에 헤아림의 기준을 만들지 않을 때 브라흐만은 제한과 형태가 없는 무한의 존재로 이해되지만, 브라흐만이 자신이 만든 우주에 스며들도록 빛을 보낼 때 우주는 브라흐만의 몸이 됩니다.

우주를 가득 채운 그 빛은 인격신, 이슈와라Ishvara라 합니다. 이슈와라는 시간과 지역, 행성과 세상에 따라 육신을 갖기도 합니다. 이슈와라는 다양한 언어를 쓰며, 여러 인종과 여러 나라에서 수많은 임무를 완수하기 위해 육신을 가진 존재가 됩니다. 그 존재는 강림한 신성, 아바타라[8](육신을 갖게 된 신)라 합니다.

---

[8] 지상 세계로 강림한 신의 육체적 형태를 뜻하는 산스끄리뜨어 '아바타라'이며, '아바타'라는 말은 1992년 닐 스티븐슨(Neal Stephenson)이 쓴 과학 소설〈스노우 크래시〉에서 메타버스(Metaverse)란 가상 세계의 형체를 뜻하는 말로 처음 사용되었다.

싯다, 통달한 자들은 초월해 자신들이 신성과 일치한다는 깨달음에 이른 개별 영혼입니다. 당신이 신의 강림을 경험하든, 아니면 인간의 진보를 경험하든, 어떤 점에서는 진보한 존재와 강림한 존재를 구분할 수 없습니다. 그들은 같은 경지에 있기 때문입니다. 그러므로 예수의 어디까지가 신이고 어디까지가 인간인지, 또는 예수와 끄리슈나가 신격까지 진화한 위대한 인간인지, 아니면 육체를 갖게 된 강림한 신 자신인지 하는 의문은 의미가 없습니다. 궁극적으로 존재의 최상의 깨달음에는 오름(진화)이나 내림(강림)이 없기 때문입니다.

산스끄리뜨어로 된 형이상학적인 가르침 중 가장 시적이고 서정적인 작품은 〈요가바시슈타*Yoga-Vasishtha*〉라 합니다. 이는 성자 바시슈타*Vasishta*가 신성의 현현인 라마*Rama*에게 가르친 요가입니다. 이것은 약 2만7천 행의 시입니다. 여기서 그중 몇 장을 의역하겠습니다.

> 먼 옛날 내가 순수한 의식의 하늘이었을 때, 거기에 자각의 달빛이 있었습니다. 그때 난 브라흐만이었습니다. 나 자신이었던 의식의 창공에 빛나는 자각의 맑은 달빛으로 나의 본성, 나의 존재에 대해

어머니 여신의 눈길 109

브라흐만인 내가 명상을 했습니다. 하늘처럼 순수하고 무형인 나의 존재에 대한 명상 중에 창조의 의지가 돋아남을 알았습니다. 뜰 안의 화분에 심어진 씨앗에 비가 내려 싹트기 시작하듯, 내 집중의 비가 창조하려는 의지의 씨앗에 내리자 그것이 싹트기 시작했습니다. 깊은 잠을 자는 중에 집중이 소리 없이 창조의 씨앗에 내려 꿈이 돋아나듯(집중을 거두면 꿈은 다시 접혀 잠에서 깨어납니다.) 의식의 하늘인 내 안에서 마치 꿈처럼 펼쳐지는 우주를 봅니다.

집중과 자유의지의 비가 창조의 의지에 내릴 때 내 안의 땅을 보았습니다. 집중으로 이 땅에 널리 퍼져 나는 섬이 되고, 산이 되고, 풀이 되고, 나무가 되었습니다. 나는 광물이 되고, 보석이 되고, 금이 되고, 빛나는 은이 되었습니다. 오! 수많은 숲과 나무들이, 가지와 잔가지들이 내 머리칼이 되고 내 몸은 보석들로 채워졌으며 도시와 마을과 정착지로 내 몸은 치장되었습니다. 땅의 모양을 가진 (그렇게 보이는) 나는 강과 숲과 바다와 동서남북 네 방향으로 채워졌습니다. 나는 수많은 피조물들이 거니는 존재가 되었습니다. 나리꽃이 내 몸에서 피어났고 줄기와 넝쿨이 내 안에서 자랐으며 강과 호수는 내 모근(毛根) 안에 있었습니다. 이원성으로 이뤄진 이 모든 씨줄과 날줄 같은 조직이 사실 고요한 하나입니다.

이 땅에서 나는 물에 집중했습니다. 의식의 하늘에서 그 집중을 통해 나는 또한 사파이어같이 투명한 물이 되었습니다. 내 물의 몸을 가지고 수증기로 피어올라 구름이 되어, 우주의 모든 것들을 표현하며, 벼락인 내 아내와 사랑 놀음을 했었습니다. 나는 너무나 변화무쌍해서 수많은 피조물들의 수많은 미각세포의 정수가 되었습니다. 물이 되는 그 같은 즐거움은 나의 것이었으나, 미각돌기의 경험이 되는 것조차 믿지 않으며, 오직 특정형태를 갖게 된 순수한 자아만을 믿었습니다. 물의 몸으로, 바람의 전차를 타고 하늘길을 향기처럼 거닐었습니다. 나는 순수한 의식의 존재이나 물이 되는 경험이 어떤 것인지 보기 위해 모든 것을 한순간에 완전하게 깨닫는 전 의식을 줄여 단지 물이 되는 의식을 경험했습니다.

나는 불이 되어 광채가 나고, 빛이 되고, 광휘가 되었습니다. 달의 광채가 되었으며 흩어지는 햇살이 되었으며 별빛이 되었습니다. 나는 불의 온기가 되었습니다. 빛은 주로 사뜨바[9]의 성질로 이루어지므로 모든 서물의 외형은 나의 일부였습니다. 나는 흰색과 푸른색과 붉은색에 생명을 주는 아버지가 되었습니다. 그들은 아버지인 빛의 무릎에 잠들어 있습니다. 내 광채로 아내를 비추는 거울이 되어 하늘의 조각이 되고 방향이 되었습니다. 나는 밤안개를 쫓는 바람의 힘이 되었습니다.

나는 달과 태양과 불의 생명의 정수였습니다. 나는 금과 에메랄드

---

9 우주의 모든 에너지는 크게 사뜨바, 라자스, 따마스로 이루어져 있는데, 사뜨바는 순수 에너지, 라자스는 활동성 에너지, 따마스는 침체성을 지닌 에너지이다. 의식이 사바뜨 상태에 들어가면 사랑과 평화, 고요와 행복을 얻는다.

와 루비의 빛깔이 되었습니다. 빛의 힘으로 사람들에게 용기가 되었으며, 우기에는 번개가 되었습니다. 번뜩이는 힘으로 어둠의 악마의 목을 치는 신 인드라의 무기가 되었으며, 사자 심장에 끓어오르는 투지가 되었습니다. 나는 전쟁터에서 전사들의 팔다리의 대담함이 되었으며, 가장 튼튼한 갑주(甲冑)를 뚫어버릴 수 있는 용기가 되었습니다. 이 모든 것 외에도, 나는 태양이 비치듯 내 손을 뻗어 모든 우주의 땅 위 산 정상을 움켜쥐었습니다. 빛의 형태를 가진 내게는 전 지구가 높은 산 위에서 내려다보이는 작은 마을처럼 보였습니다.

내가 달의 형태를 취했을 때, 나는 영원한 생명수, 아무리타로 가득한 호수가 되었습니다. 나는 천상(天上)이라는 아름다운 여인의 얼굴이었습니다. 내가 달빛의 형태로 땅 위에 나를 흩뿌릴 때, 나는 밤이라는 여인의 웃음 같았습니다. 나는 또한 밤길을 거니는 모든 사람들을 위한 작은 양초였습니다. 거대한 불이 되어 숲을 태웠습니다. 그 타오르는 나무 그림자 아래 허둥대며 달아나는 수많은 피조물들을 두렵게 만드는 소리를 냈습니다. 하지만 나는 사람들이 만든 제물을 불러 모으는 제례의 불이기도 했습니다. 그렇게 그 제물들을 더 순도 높은 정수로 만들어 더 섬세한 세계의 신들에게 바쳤습니다. 때때로 대장간에서 망치로 쇠를 만들기도 했습니다.

때로 난 오로지 불꽃이었습니다. 나는 이 모든 것, 나의 추종자였습니다.

창조의 의지에 이른 나의 집중으로 나는 바람이 되었습니다. 모든 줄기와 넝쿨과 잎들을 춤추게 했습니다. 나리꽃과 장미, 그리고 다른 꽃들의 향기를 모아 온 세상에 날려 보냈습니다. 생기로 가득한 공원에 가서 그 생기를 도시로 날랐습니다. 구름침대에서 잤으며 지친 사람들의 땀을 말려주었습니다. 나는 하늘이라는 꽃의 향기였습니다. 말하자면, 나는 공간에서 일어나는 소리의 쌍둥이 형제였습니다. 나는 모든 살아 있는 존재의 동맥으로 피를 나르는, 그들의 사지를 흐르는 생명력의 원천이었습니다. 나는 꽃 속에 깊이 숨겨진 향기라는 보물을 가로채는 도둑이었습니다. 나는 산을 뿌리째 뽑아 흩어버릴 힘을 갖고 있었습니다. 나는 그렇게 강한 바람이 되기도 했습니다. 물을 얼리고, 진흙을 말리고, 구름을 옮기고, 풀잎을 흔들고, 향기를 여기저기 날렸으며, 고통 받는 자의 몸에서 열을 식혀주었습니다.

이 지수화풍(地水和風)의 형태 속에서 나는 나무의 몸으로 살았습니다. 그리고 나무의 형태로 살며 뿌리를 내려 땅속 깊은 곳의 물기와 가장 미세한 자양 즙을 빨아들여 맛보았습니다. 나는 북극의 눈 위에 뒹굴었습니다. 연꽃 숲의 두루미를 따라 노래했습니다.

내 의지에 따라 태양과 별들이 온갖 종류의 색을 드러내며 내 안에 머물렀습니다. 의식의 전 공간이 되는 지각 속에서 손목의 많은 팔찌처럼 일곱 세상을 한데 모아 걸쳤습니다. 내가 전 우주였을 때, 땅의 가장 깊은 곳은 내 발바닥이었고, 땅의 가장 높은 곳은 내 배꼽이었으며, 푸른 하늘은 내 이마였습니다. 하지만 땅으로, 물로, 불로, 공간으로, 빛으로, 전 우주로, 이 모든 다양한 형태로 존재하면서도 나는 한순간도 내 참본성, 순수의식이기를 포기한 적이 없습니다.

의식의 순수한 힘만으로 꿈속의 모든 도시들을 만들 듯 나는 모든 형태를 취했습니다. 하지만 여전히 의식의 힘은 사라지지 않았습니다. 꿈은, 꿈속의 도시들은, 의식이라는 음악의 음계요 선율일 뿐이므로 그 때문에 음악이란 본성을 저버리지는 않았습니다. 그러므로 나는 내가 만든 이 모든 마야가 되었으되, 그로 인해 내가 변하지는 않았습니다.

- 〈요가 바시쉬타 *Yoga-vasishta Nirvana*〉 Ⅱ. 89~93

우리가 시간을 표현할 때 보통 '이었다', '이다', '일 것이다'를 생각하지만, '이었다'와 '이다'와 '일 것이다'가 (기준시점부터) 얼마만큼의 시간을 말하는지는 매우 혼란스럽고 애매한 문제입니다. 주의 깊게 살펴보면 과거와 현재와 미래의 정확한 정의를 찾을 수 없을 것입니다. 예를 들어 현재시제를 살펴봅시다. 당신이 '현-'이라 내뱉는 순간 이미 과거가 되었고, '-재'는 아직 오지 않았습니다. 현재는 어디 있습니까? 당신이 '현ㅈ-'까지 말하면, '현ㅈ-'는 과거이고, '-ㅐ'는 미래입니다. 그러니 현재가 어디 있단 말입니까?

우리는 실재의 수많은 단계로 존재하는 우주 - 시간 속의 시간 너머의 시간 속의 시간, 공간 속의 공간 너머의 공간 속의 공간 - 에 살고 있습니다. 마음의 습관과 의식에 쳐진 장막 때문에 우리는 의식의 광대하고 무한한 공간을 둘둘 말아 접어놓았습니다. 우리는 우주를 창조했습니다. 해와 달과 별, 세상, 나라와 역사와 사람들, 개인과 가족과 관계들, 문제와 혼돈을, 지식과 무지를, 부덕과 미덕을, 승리와 패배를 만들었습니다. 그러나 무한한 의식의 저 높은 곳에서 바라보면 그 모든 것을 다르게 볼 수 있습니다. 가까운 빈 공간의 끝을 잡고 접어봅시다. 이것이 의식의 공간, 찌다까샤*chidakasha*에서 우리가 보는 모든 것, 우주의 모든 실재입니다. 외부공간의 모든 휨과 접힘은 먼저 우리 의식

속에서 휘고 접힙니다.

우리 의식 속의 접히고 휜 공간이 우주라는 개념을 지칭하는 용어는 마야입니다. 마야란 헤아릴 수 없는 것을 헤아리는, 접을 수 없는 것을 접고, 펼칠 수 없는 것을 펼치며, 휠 수 없는 것을 휘고 펼 수 없는 것을 펴는 의식의 능력입니다. 시간과 공간 저 너머에서 오는 고대의 모든 이야기는 이런 높은 초월적 시각으로부터 비롯합니다.

예를 들면, 서양 과학자들은 최근 약 백 년쯤 전부터 이 지구가 5천 년 이상 됐다는 생각을 하기 시작했습니다. 그 전까지는 아담에서 예수까지 3천 년, 예수에서 지금까지 2천 년, 그래서 5천 년이라 생각했습니다. 그것이 이 행성, 지구의 역사라 여겼습니다. 오늘날 지구를 포함해 전 우주의 나이는 수십억 년으로 생각하고 있습니다. 그러나 고대 인도의 철학자들은 사용할 수 있는 천문학 도구도 없고 단지 내면의 의식공간 안에서만 탐구했는데도 시간과 공간에 대해 현대 물리학자들도 도저히 상상하기 힘들 정도로 정확한 결론을 내렸습니다.

사람들은 매일 명상하면 얼마 만에 해탈하는지 묻습니다. 답은 이렇습니다. 어머니인 샥띠의 한번 눈길로,

우주 어머니의 한번 눈길 – 그녀의 단 한번 눈길이면 당신은 해탈할 수 있습니다. 우주 어머니의 눈길 한번이 얼마나 되냐고요? 8세기부터 12~13세기 사이 카슈미르에서 일었던 요가철학의 한 계파인 스빤다*spanda*에 그 답이 있습니다. 이 철학의 근본개념은 우주의 진동, 스빤다입니다. 그것에 따르면 전 우주가 하나의 진동입니다. 달리 말해 당신은 수많은 단계의 진동 – 순수의식의 진동, 왜곡된 의식의 진동, 위대한 초의식적 마음의 진동, 제한적인 개인적 마음의 진동 – 의 합성입니다. 한정된 개인의 마음에 당신의 무의식적 마음의 진동, 의식적 마음의 진동, 감각의식의 진동, 뇌의 진동, 신경전달신호의 진동, 몸의 세포를 이루는 분자들의 진동이 있습니다. 베다시대 선지자들에게 전 우주는 빛의 장막 위의 장막, 빛의 층 위의 층, 공간 위에 휘어진 공간, 공간에 겹쳐진 공간으로 여겨졌습니다. 이것은 아인슈타인의 휘어진 공간개념보다 오래전의 것입니다. 그런 의식에서 보면 얼마나 길어야 긴 시간입니까? 스빤다 철학자들은 시간의 네 단계에 대해 말했습니다. 대략 아래와 같습니다.

소우주적 주관시간(Microcosmic I-time)
　　대우주적 주관시간(Macrocosmic I-time)
　　소우주적 객관시간(Microcosmic It-time)
　　대우주적 객관시간(Macrocosmic It-time)

　소우주적 주관시간은 나의 의식이 알아챌 수 있는 최소한의 시간입니다. 이 시간은 마뜨라*matra*로 측정합니다. 마뜨라는 시간 단위이며 한 모음을 발성하는 시간입니다. 자음은 모음 없이 발성할 수 없기 때문입니다. 이 철학에서 자음은 남성 또는 의존적 존재로 간주하며, 모음은 언어의 샥띠이며 여성인 에너지의 독립된 원천으로 간주합니다. 주관적 시간의 가장 짧은 경험은, 실제로 소리가 아니라 정신적으로 모음을 발성할 때 만들어지는 진동입니다. 하나의 단모음 소리를 생각하는 데 걸리는 시간이 그 마뜨라, 심리적 수치, 하나의 음절 시간 단위입니다. 요기의 집중은 매우 정제되어 음절의 심적 진동의 600분의 1도 알아챌 수 있습니다. 그런 인식에 경과되는 시간이 소우주적 주관시간입니다.
　이제 대우주적 주관시간을 살펴봅시다. 위대한 무한

의식은 마야의 소용돌이에 들어와 잴 수 없는 것을 재기 시작합니다. 위대한 무한 의식이 묵상하며 공간을 창조해갈 때, 잰다는 개념이 곧 하나의 분계를 이루는 것이 됩니다. 전 우주란 계량할 수 없는 것을 계량한다는 개념입니다. 그렇게 자신의 의식 속에 세계를 창조하고, 이 정적이면서도 동적인 세계는 다섯 가지 요소의 층층 겹으로 둘러지고 채워집니다. 요가 바시슈타에서 또 한 번 인용합니다.

> 이것은 땅을 둘러싼 껍질이다. 물은 땅의 열 배다. 빛은 물의 열 배다. 공기는 빛의 열 배다. 이 행성(지구)에 속한 하늘(공간)은 공기의 열 배다. 지구는 하나의 과일이다. 그런 과일이 천 개나 달린 가지가 있다. 하나에 천 개의 과일이 달린 수천 개의 가지를 가진 나무가 있다. 천 개의 과일이 달린 가지, 그런 가지를 수천 개 가진 나무, 그런 나무가 수천 그루 있는 숲이 있다. 그 과일의 씨방, 땅의 껍질이 여기 있다. 그 둘레에 열 배의 물이, 그 물 둘레에 열 배의 빛이, 그 빛 둘레에 열 배의 공기가, 그 공기둘레에 열 배의 공간이 있다. 그 같은 숲들이 수천 개가 모여 있는 하나의 거대한 산이 있다. 그런 산들이 수천 개가 있는 대륙이 있으며, 거기엔 헤아릴 수 없이 많은 호수와 강이 있다. 그런 행성이 하나 있다.

당신의 지구는 아니다. 수천 개의 그런 행성들로 이뤄진 우주가 있다. 당신의 의식을 확장하고 싶다면 그렇게 하라. 그리고 얼마나 멀리 갈 수 있는지 보아라. 당신 머릿속의 자각이 담을 수 있는 공간이 얼마나 되는지 보아라. 그것이 하나의 우주다. 신의 알, 브라흐만다*brahmanda* 속에는 그런 우주가 수없이 많다. 그런 브라흐만다들이 수없이 떠다니는 거대한 대양, 그러면서도 고요하고 잔잔한 바다는 끝이 없다.

지금 말한 그런 대양은 하나의 물결에 불과하다. 확장이 계속된다. 그런 대양은 의식의 위대한 바다의 한 출렁임에 불과하다. 그리고 그 위대한 바다는 뿌루샤로 알려진 우주적 인성의 배꼽 안에 있다. 이 우주적 인간 너머에 궁극적 인간, 빠라마뿌루샤 *paramapurusha*가 있다. 그는 구슬로 만든 목걸이를 목에 두르고 있는데 그 구슬 하나하나가 우주적 인간이다. 수백만의 위대한 궁극적 인간들이 광대한 태양 천체의 자각의 물결처럼 반짝인다. 그 광대한 태양 천체가 브라흐만, 곧 절대존재, 절대의식, 절대행복의 총계다. 그 공간이 얼마나 클까? 그 시간이 얼마나 길까? 그 위대한 사람들에, 거대한 바다에, 백만의 우주가 존재하는 작은 바다에 정착하기 위해 당신의 의식은 얼마나 멀리 갈 수 있을까?

제자여, 내가 들려준 우주의 우주, 그 우주의 광대함에 대한 모든 표현을 다른 시각으로 보자. 벽에 난 구멍을 통해 들어오는 빛줄기를 보면 빛줄기 속의 작은 먼지들이 보일 것이다. 태양빛 속에 브라흐만이 있고, 그 빛줄기 속에 티끌이 있다. 그 티끌 속에 수많은 우주적 인간들을 구슬로 걸친 수백만의 궁극적 존재들이 있다. 그 각각의 궁극적 존재의 배꼽 안에 거대한 우주적 바다가 있으며, 그 바다의 한 물결은 모든 브라흐만이다. 혹은 신의 알들이 떠다니는 대양이다. 이 모든 것이 브라흐만이라는 위대한 의식의 빛줄기 안에 떠도는 하나의 티끌 속에 있다.

나의 제자여, 너 자신이 순수한 존재임을 알면, 너는 태양이 되어 한줄기 빛 속에 수백만의 먼지가 떠다니게 될 것이다. 그 각각의 먼지 속에 수백만의 크고 작은 우주가 펼쳐져 있다.

옛날 옛적에, 이 빛줄기가 한 티끌의 구석에, 티끌 속의 한 우주에, 하나의 작은 흙덩이, 곧 지구에 비칠 때 나는 그 흙덩이의 작은 구멍 속에 머물렀다. 이 흙덩이와 저 흙덩이를 전전하며 수도 없이 그런 탄생을 겪었다. 내 사랑하는 제자여, 내가 나의 전생들을 기억하듯, 그대는 그대의 탄생들을 기억하지 않는구나. 지난날 나는 영생의 축복을 받았다. 오래전 영생의 축복을 받아 전 우주가 녹아들어 하나의 우주적 바다만이 남았을 때, 모든 우주가 녹아든 그 바다 위에 나 홀로 떠다녔다. 나는 영생의 축복을 받았기에 우주가 녹아 없어져도 나는 존재한다. 그 우주적 바다를 떠돌며 수많은 세월이 지났겠지만, 나로서는 나이를 헤아릴 방법이 없었다. 세월을 헤아리려면 해와 달과 별이 있어야 하는데 모든 것의 모태가 되는 태초의 물만이 있었기 때문이다. 우주가 녹아 없어져도 죽지 않는 영생의 축복을 받은 나 자신을 저주하며, 영겁의 세월 동안 태초의 물 위에 떠다녔다. 당시는 낮과 밤이 나의 상상일 뿐이었지만 어느 밤에 혹은 낮에 한 그루의 나무를, 아슈바타*ashvattha*를 보았다.

산스끄리뜨 단어 '아슈바타'는 '나 쉬와스 스타따*na shvas sthata*' 즉 '내일까지 지속되지 않을 것'을 의미합니다. 그것은 인도의 신성한 나무입니다. 위에서 아래로 자라는 나무이며 가지가 아래 있고 뿌리가 위에 있습니다. 그 가지로부터 수염처럼 섬유질을 내려보내, 그것이 땅에 박혀 점점 굵어집니다. 이것은 가장 오래 사는 나무입니다. 이 나무들 중 일부는 수천 년을 삽니다. 그러나 요기들은 그것들을 '내일까지 지속되지 않을 것'이라 부릅니다. 그리 오래가는 나무에게도 자신이 존재할 수 없는, 존재를 멈출 내일이 있으며, 그 내일이 오면 나무는 죽기 때문입니다. 그 나무에 관한 더 위대한 우주적 해석을 〈바가바드기따〉

에서 찾아볼 수 있습니다.

"한 그루의 나무, 우주적 나무가 있다. 그 뿌리는 위로 뻗고 가지는 아래로 자란다."

뿌리는 신 안에 있고, 우리는 그 가지들입니다. 요가 바시슈타는 계속합니다.

> 그러므로 나는 헤아릴 수도 없고 상상할 수도 없는 세월을 우주적 바다에서 떠돌았다. 뿌리는 위로 가지는 아래로 자라는 나무를, 아슈바타를 발견하고 그리로 헤엄쳤다. 내가 유일하게 살아 있는 피조물이라 생각했을 때, 너무나 놀랍게도 작은 아기를 보았다. 이 나무의 거대한 잎 위에 한 어린 아기를 보았다.

어린아이에 해당하는 산스끄리뜨어는 '쉬슈'이며 이는 '너무 많이 계속 자는 사람'을 뜻합니다. 용해된 것이 신의 잠이며, 따라서 신이 잠들면 어린 아기가 됩니다. 다른 곳의 글귀를 보겠습니다.

Kararavindena padaravindam
Mukharavinde viniveshayantam

Vatasya patrasya pute shayanam
Balam mukundam shirasa namami

자기 발가락을 손으로 잡아당겨 입 안에 넣고

아슈바타 잎 위에 잠든

그 아기 군주에게

머리 숙여 경의를 표합니다.

내가 그 아기에게 다가가자 아기는 발가락을 입에서 떼고 하품했다. 그 하품이 너무 커 나는 아기의 배꼽으로 빨려 들어갔다. 내가 빨려 들어간 후 해체의 시기는 끝난 듯하다. 잠자는 아기의 배꼽 속에서 우주, 공간, 하늘, 땅, 물, 공기, 빛, 태양, 별, 은하, 세계 그리고 온 세상의 번잡한 도시들을 보았기 때문이다. 또다시 나만의 우주로 돌아왔다.

내 사랑하는 제자여, 난 수많은 창조와 파멸의 순환을 보았다. 네 무지함 속에, 기껏해야 빛줄기 속 먼지 하나의 오르내림일 뿐인 네 삶의 작은 순환을 너무 크게 생각하는구나. 한 주기를 네 삶과 죽음 전부라 생각하는구나. 그러나 얼마나 많은 우주가 창조되고 소멸되고 또 창조되고 소멸되는 것을 보았는지 내게 물어보아라. 옛날에 한 땅덩이가 있었는데, 그 땅이 존재하는 내내 빗방울이, 우박 같은 비가 끊임없이 내렸다. 그다음엔 끊임없이 타오르며 절대 식지 않는 땅을 보았다. 밝게 타오르며 결코 식지 않는 열 개의 태양으로 둘러싸인 땅도 보았다. 사람들이 절대 불붙이기를 배우지 않는 땅도 보았다. 가장 추하고 가장 악한 사람이 다스리는 땅도 보았다. 나는 소멸을 보았다. 한번 파도에 휩쓸려가는 모든 피조물을 보았다. 모든 행성들이 서로 부딪치는 것을 보았다. 거대한 우주의 타오름 속에 모든 우리 땅과 행성들이 잿더미가 되는 것도 보았다. 모든 것을 보고 나니, 이런 변화(가변성)가 의식이라는 무대 한 구석에서 일어나는 장대한 멜로드라마같이 보인다. 전부를 내포하는 그 의식은 대우주적 주관시간에 머문다. 이제 너의 마음을 그 광대함으로부터 미세한 세계로 가져와라.

옛날 옛적에 신들의 왕 인드라는 다른 신들의 무리와 전쟁을 벌였으나 처음에 패했다. 죽을힘을 다해 달아나 숨을 곳을 찾았다. 우리는 모두 우리 의지로 만들어진 몸을 갖고 있다. 이 말을 기억하라. "우리 모두 우리 의지로 만들어진 몸을 갖고 있다.". 의지와 동떨어지면 개성의 물리적 천성과의 연결고리는 깨져버린다. 그러면 너의 물리적 천성이 사라져버린다. 그래서 패배한 인드라는 자신의 영적 의지를 투사하는 육체를 거두어 마음의 중심 속으로 숨어들었다. 자신의 존재를 거두어 티끌 속에 숨어서 전쟁으로부터 자유롭게 되었다. 큰 세계에서 벌어지고 있는 전쟁은 모두 잊고 작은 세계에 숨어서 말하길, "집을 만들자." 했다. 그래서 스스로 집을 짓고 그 안에 살기 시작했다. 자신을 위해 연꽃 모양의 왕좌도 만들었다. 자신의 의지로, 보석과 진주로 치장한 세공품과 동판화와 벽화로 꾸민 성을 만들었다. 그는 의식을 확장해 그 먼지 속에 세계를 만들었다. 자신이 다스릴 나라와 마을, 도시, 숲, 정원, 강, 그의 발아래 조아릴 작은 왕국들, 해와 달과 수많은 별을 만들었다. 그러자 그 안에 또다시 전쟁과 정치와 경제와 그 모든 시스템이 갖춰지게 되었다. 하느님 맙소사, 아들과 손자를 남겨둔 채 마침내 그는 죽었다. 나의 제자여, 그 먼지알갱이 속에서 인드라의 손자가 아직도 통치하고 있는 것을 보았다.

– 〈요가 바시쉬타 *Yoga-vasishta Nirvana*〉 Ⅱ. 13

당신은 소우주의 세계로 갈 수 있습니다. 당신은 대우주의 세계로도 갈 수 있습니다. 자신을 자기 안으로 당겨 마음의 중심으로 들어가 그곳에 모든 우주를 창조할 수 있음을 압니다.

정신적인 과정을 배제한 물질 에너지 단위의 가장 섬세한 떨림은 소우주적 객관시간에서 일어난다고 말할 수 있습니다. 반면, 대우주적 시간은 *장구한 영겁*(마하깔빠 *mahakalpa*)의 시간을 통해 확장됩니다. 이에 대해서는 나중에 설명하겠습니다. 우선 소우주적 시간과 대우주적 시간 사이의 관계를 이해할 필요가 있습니다.

고대 인도인들은 의식의 위대한 존재들의 계보를 깨치고 그들에게 브라흐마, 비쉬누, 쉬바, 샥띠라 이름 붙였습니다. 그들은 이 우주가 돌고 돈다는 것을 알았습니다. 어떤 요기도 단순히 신이 세계를 창조했다 말하지 않을 것입니다. 대신, 내가 잠들고 깨기를 반복하듯 신이 창조와 해체를 반복한다 말할 것입니다. 나는 죽지 않을 것입니다(죽게 되어 있지 않습니다). 나는 죽고 태어나고 죽고 다시 태어납니다. 순환 속에 순환이, 주기 속에 주기가, 시간과 공간과 과정과 자각이, 수많은 단계의 거시적 실재가, 그 거시적 실재 사이에 미시적 실재가 있습니다. 실재의 이런 단계는 때때로 가까이 와닿고, 우리는 이상한 경험을 하게 됩니다.

요기들은 하나의 창조기간을 4억3,200만 년으로 생각했습니다. 다른 책에는 더 긴 주기도 있습니다. 그 시간은 우주적 존재의 가장 낮은 단계인 브라흐마의 한낮으로 여겨졌습니다. 그것을 두 배 하면 창조와 소멸 주기가 됩니다. 8억6,400만 년은 깔빠*kalpa*라 부릅니다. 그것이 창조의 신 브라흐마의 하루입니다. 우리에겐 8억6,400만 년의 시간이 브라흐마 수준의 의식 속에선 하루입니다. 하루의 30배는 한 달, 한 달의 열두 배는 일 년, 그것의 백 배는 백 년이 됩니다. 한 세계의 창조와 소멸 주기의 3만6천 배가 가장 낮은 수준의 세상을 창조하는 의식 브라흐마의 일생입니다.

그보다 더 큰 의식이 있습니다. 그 3만6천 주기의 천 배가 비쉬누에겐 1가띠까*ghatika*(0.4시간)입니다. 24시간은 60가띠까입니다. 그러므로 비쉬누에게 1가띠까*ghatika*는 24분입니다. 그것을 60배 하면 비쉬누의 하루 열두 달이 곱해진 30일의 백 배, 백 년이 비쉬누의 일생입니다. 비쉬누 일생의 천 배가 쉬바에겐 1빨라*pala*입니다. 1가띠까는 60빨라, 1빨라를 60배 하면 쉬바의 1가띠까, 1가띠까를 60배 하면 쉬바의 하루가 됩니다. 그것에 30일, 12개월, 100년을 곱하면 쉬바의 일생이 됩니다. 쉬바 일생의 천 배의 시간은 우주 어머니가 눈짓 한번 하는 시간입니다.

1빨라 *pala* = 1/60가띠까 *ghatika* = 1/150시간

1가띠까 = 2/5시간(60가띠까 = 24시간)

스리슈띠 *srsti*, 한 창조기간 = 4.32×10^9년

1깔빠 = 2스리슈띠 = 창조와 소멸의 한 주기 = 8.64×10^9년

일생 = 100년 × 12개월 × 30일 = 3.6×10^4일

브라흐마의 하루 = 1깔빠

브라흐마의 일생 = 3.6×10깔빠 = 3.1104×10^{14}년

비쉬누의 1가띠까 = 브라흐마 일생의 천 배 = 3.1104×10^{17}년

비쉬누의 하루 = 60가띠까 = 1.86624×10^{19}년

비쉬누의 일생 = 6.718464×10^{23}년

쉬바의 1빨라 = 비쉬누 일생의 천 배 = 6.718464×10^{26}년

쉬바의 1가띠까 = 60빨라 = 4.0310784×10^{28}년

쉬바의 하루 = 60가띠까 = 4.0310784×10^{30}년

쉬바의 일생 = $8.707129344 \times 10^{34}$년

우주 어머니의 한 눈짓 = 쉬바 일생의 천 배 = $8.707129344 \times 10^{37}$년

우리가 깨달음을 얻는 데는 우주 어머니의 눈짓 한번의 시간이면 됩니다. 당신은 그것을 글자 그대로 받아들이고 낙담할 수도 있습니다. 아니면 어떤 수준에서든 당신에게

떠오르는 실재를 택할 수도 있습니다. 그것이 당신의 의식 수준이며, 당신은 거기서 출발해야 합니다. 우리가 깨달음을 얻는 데 얼마나 걸릴까요? 얼마나 빨리 전 거시적 세계를 모아 하나의 티끌, 당신 의식의 핵심적인 한 작은 조각에 집중시킬 수 있습니까? 그리 되면 우주 어머니의 눈길은 하나의 미시적 순간 – 미시적 주관시간으로 압축됩니다.

고대 경전에 따르면 이 모든 것이 의지, 상깔빠*sankalpa*[10]에서 비롯됩니다. 당신은 누구입니까? 당신은 신들의 왕이며 브라흐마, 비쉬누, 쉬바입니다. 당신은 위대한 천사, 신의 권좌 오른편에 앉아 있는 대천사입니다.

〈우빠니샤드〉에 이르기를 *"taj-jalan-iti shanta uapsita"*. 개별적인 존재가 샨따*shanta*일 때, 즉 모든 훼방으로부터 평화로워졌을 때, 그는 신을 경배하며 이렇게 말합니다.

"*taj-jalan*, 그로부터 내가 나고, 그 안에 내가 함께하며, 그 안으로 소멸되어 돌아간다."

섬광이 불에서 일어나 불 주위를 배회하다 불 속으로 떨어집니다. 화로 옆에 앉아 모든 섬광을 하나하나 주목하고 그 섬광이 얼마나 오래가나 지켜보십시오. 아니면 바닷가에 서서 모든 물방울을 주목하십시오. 3초를 사는 크고

---

10 올바른 결심, 각오, 다짐, 염원을 의미하는데, 자기 삶의 목표 혹은 이루고 싶은 포부를 나타내는 간결하고 긍정적인 다짐이다.

아름답고 사랑스런 물방울에게 3초는 긴 일생입니다. 시간과 공간에 대한 우리의 관념은 크든 작든 우리 의식이 성장함에 따라 변합니다. 어린 시절 한 해의 크리스마스에서 다음 크리스마스까지가 얼마나 길었는지 생각해보십시오. 우리가 나이 들수록 시간은 점점 더 빨리 지나갑니다. 일 년이 쉽게 지나갑니다. 우리 의식이 자란 만큼 긴 시간이 짧게 느껴집니다. 브라흐마, 비쉬누, 혹은 쉬바의 시간은 그 위대한 의식의 규모에 비하면 크리스마스에서 다음 크리스마스까지 어린이의 시간과 이에 대비되는 어른의 시간 차이와 같습니다. 우리에게 어머니의 눈빛은 우주적 시간의 광대한 주기와 같습니다. 그러나 어머니에게 그건 아무것도 아닙니다.

제 4 장

내면의 신

철학자, 신학자, 신비주의자 그리고 헌신적 시인인 박타들은 다양한 방법으로 신에 대한 생각과 느낌을 표현했습니다. 하지만 그들의 글에 우리가 얼마나 감동을 받았든 상관없이 아무것도 이해하지 못한 듯 우리 삶은 흘러갑니다. 유한한 마음으로 무한을 보기란 어렵습니다. '내면의 신', '어디에나 존재하는 신' 같은 말은 우리에게 아무 영향도 미치지 못하는 듯합니다. 신을 사랑하는 사람들은 신으로부터 분리될 때 울고 합일의 약속에 기뻐했으며 신을 기억하는 사람이라면 누구라도 주저 없이 끌어안았습니다.

그런데 우리는 그렇습니까? 우리의 가슴이라는 사원에 있는 신을 향한 사랑의 빛은 사라져버린 듯합니다. 눈에 보이는 신의 개념이나, 신의 묘사에 있어서 보통 우리의 관념은 고정되지 않아 흔들립니다. 신은 생경하게도 저 멀리 흰 구름 위에, 파란 하늘 아래 있답니다. 어디 있습니까? 우주선이 비행하는 곳에 있습니까? 신이 하늘에 있다면 미래의 우주인은 천국의 사진을 찍고 천사의 음악을 녹음한다는 것입니까?

파란 하늘 저 너머 어딘가에 신이 존재한다는 등의 개념은 모든 가치 있는 신학체계에는 없는 개념이라는 사실을 명심해야 합니다. 그것들은 민속신화에 불과합니다. 저명한 신학자들은 신이 어디에나 존재한다고 말했습니다. 서양 사람들은 내면의 신이라는 개념을 받아들이기 어려워하며, 명상 수행을 하는 사람들이 이런 개념에 의존하는 것에 대해 그들의 성직자들로부터 경고를 받곤 한다는 말을 종종 듣습니다. 그 성직자들에게 우리는 이렇게 말합니다.

"당신은 그리스도라는 말을 이해 못할 뿐 아니라 그리스도 전통에 대해서도 모릅니다."

신이 어디에나 존재한다면 언젠가는 신이 악의적으로 "목사님, 나는 어디에나 있으나, 당신이 나를 잘못 대변해 화가 났으니 더 이상 당신 안에 머물지 않을 것이오!"라고 말할 것입니다. 신이 어디에나 있다면 '신'이라고 말하기 위해 벌리는 입술에, '신'이란 소리가 나오는 말하는 능력 속에, '신'이란 생각이 솟아나는 마음속에 신이 있습니다. 내가 신을 찾고 있다면 내게서 가장 먼 곳에서 찾아야 할까요, 아니면 내 영혼 가장 가까운 곳에서 찾아야 할까요?

옛날 인도의 한 마을에 아주 가난한 과부가 살고 있었습니다. 그녀의 오두막엔 등불이 없었으나 집에서 멀지 않은 곳에 가로등이 있었습니다. 그녀는 생계수단이 바늘 하나밖에 없어서 마을 사람들의 찢어진 옷을 수선해주면서 연명했습니다. 어느 날 저녁 친절한 젊은이가 길을 가다가 가로등 아래 엎드려 뭔가를 미친 듯이 찾고 있는 늙은 과부를 보았습니다. 그 나라에선 나이 든 사람에게 '어머니' 같은 친근하고 공손한 말로 인사하고 돕는 것이 관례이므로 젊은이는 다가가 무엇을 찾고 있는지 물었습니다.

그녀가 말했습니다.

"하나밖에 없는 바늘을 잃어버렸어. 다른 것을 살 돈도 없는데. 당신 눈은 내 눈보다 밝으니 찾는 것을 도와줄 수 있을 것이오."

젊은이도 가로등 아래서 바늘을 찾아보았지만 찾을 수 없었습니다. 마침내 그가 물었습니다.

"어머니, 분명 여기서 바늘을 잃어버렸습니까?"

그녀가 말했습니다.

"아! 아니야. 내 오두막에서 잃어버렸어. 하지만 젊은이, 보다시피 거기엔 등불이 없어."

우리 마음이 어둠 속에 있을 때만 우리는 가로등 아래 신을 찾아나섭니다. 즉 외부의 대상, 교회와 모스크와 사원에서, 철학과 신학, 모임과 회합 등에서 신을 찾습니다. 어디에나 두루두루 존재하는 빛으로 마음이 밝아지면 그 빛이 내면의 신으로부터 온다는 것을, 그 빛은 신의, 신으로부터 온, 신 안의 빛임을 발견하게 됩니다. 그런 빛을 향해 마음을 여는 과정이 명상입니다.

깊이를 알 수 없는 대양에 대해 듣고, 작은 해면이 더 현명하고 나이 든 해면에게 가서 물었습니다.

"선생님, 어디 가야 그 거대하고 깊은 대양을 찾을 수 있을까요?"

큰 해면이 말했습니다.

"대양을 찾아 어디로 가려 하느냐? 대양은 너와 나를 채우고 있다. 내 안에 있으며 또 나를 둘러싸고 있는 것, 네 안에 있으며 또 너를 둘러싸고 있는 것, 그것이 바로 네가 찾는 대양이다."

 어디에나 두루두루 있는 신은 우리 내면을 채우고 주위의 모든 것에 스며 있습니다.

 우주의 살아 있는 위대한 진아로서 신이 어디에나 있다는 개념은 받아들이기 어려워도 자신의 작은 자아를 보면서 신에 대한 접근을 시작할 수 있습니다. 앉거나 서거나 당신이 어디 있든 당신 몸을 살펴보십시오. 그 몸 안에 당신이 존재하지 않는, 당신의 생명이 흐르지 않는 곳이 있다는 상상을 할 수 있겠습니까? 당신 생명의 흐름이 당신 개인의 영혼이듯, 전 우주에 스며든 생명력이 곧 우주의 영혼입니다. 그것은 어느 곳이든 있는 것입니다. 전 우주에 우주의 영혼이 아닌 것이 없습니다.

 그런 식으로 개념을 확장하는 것은 이해하기 어렵다고 말할 수도 있습니다. 코끼리의 코를 기어 올라가고 있는 개미를 예로 들어보겠습니다. 개미로서는 코에서 꼬리까지가 전부 하나의 생명 단위가 깃든 하나의 피조물이란 사실을 상상하기 힘들 것입니다. 더 나은 예로 두 세포에 관한 우화를 참조해봅시다.

 옛날 사람 몸속에 두 혈액세포가 있었는데 각자 탁월한

재능을 갖게 되었습니다. 하나는 철학자이자 영묘한 신비주의자가 되었고, 다른 하나는 냉소적인 과학자가 되었습니다. 신비주의자가 된 세포가 동맥벽에 붙어 서서 외쳤습니다.

"세포들이여, 들어라! 내가 신으로부터 허락 받은 위대한 선견지명을 너희와 나누어야만 한다. 우리 모두는 일부분이 아니며, 세포 각각이 고유의 독립된 삶을 갖고 있다. 어디에나 현존하는 위대한 존재가 있다. 그의 생명력을 우리가 공유하고 있으니, 우리는 그로부터 나왔으며, 그 안에 머물다 마침내 그에게로 융해된다. 각각의 세포는 죽을지라도 이 위대한 존재 안에서 생명이 지속된다. 이 위대한 존재는 너무나 커 수십억의 우리로서도 그 크기를 헤아릴 수 없다. 누구도 그의 생각과 지식과 행동을 이해할 수 없다. 그 존재는 사람이다."

과학자가 된 혈액세포는 언짢은 얼굴을 하며 비아냥거렸습니다. 그리고 이렇게 말하며 신비주의자를 공격했습니다.

"아무 근거 없이 무슨 헛소리를 하는 거냐? 네가 사람이라고 부르는 위대한 존재가 어디 있단 말인가? 세포들,

당신들 주위를 둘러보시오. 그런 존재가 보이는가? 신비주의자 양반, 우리에게 그런 사람을 보여줄 수 있소?"

동맥 속의 혈액세포들이 사람을 볼 수 있는 방법이 있습니까? 그들이 이 책을 쓰거나 읽는 것 같은 인간 행위를 상상할 수 있습니까? 비록 각 세포들은 고유의 짧은 생을 갖고 있지만 그들은 모두 자신들이 알 수 없는 생명의 여신이 자아낸 생명의 실을 공유하고 있으며, 그 사람의 생명력 안에 그들은 하나가 되어 있습니다. 혈액세포들이 경험하는 인간의 생명력은 남성도 여성도 아닙니다. 마찬가지로, 신의 성별에 대해 생각하려는 어떤 시도도 심연의 무지를 반영할 뿐입니다. 우주의 남성적인 것, 또는 여성적인 것들은 모두 그 하나에서 온 것입니다.

신이 하나인지 여럿인지에 대한 질문도 마찬가지입니다. 신이 하나일 수 없는 이유는 하나가 숫자이기 때문입니다. 신은 무한이기 때문에 셀 수 없습니다. 신과 여타 다양한 대상들과의 관계는 무한과 숫자들의 관계와 같습니다. 5+5는 10입니다. 10+5는 15이고 이것은 10보다 큽니다. 그러나 무한대(∞)+5가 ∞5입니까? ∞+10이 ∞10입니까? 둘 다 무한대입니다. ∞+5=∞가 ∞+10=∞보다

작습니까? 무한대는 더해서 늘고 빼서 줄어드는 것이 아닙니다. 대양에 수많은 파도가 친다고 대양 자체가 늘어납니까? 파도가 잦아들면 대양이 줄어듭니까? 우주의 모든 사물과 생명체는 무한의 대양에서 일어나는 숫자들의 파동과 같습니다. 그것들은 무한으로부터 떨어져 있지 않으며, 결국 무한으로 돌아갑니다. 거듭 말하자면, 우리는 숫자이고 신은 무한대입니다. 파도가 대양에 저항한다는 것이 얼마나 어리석은지, 무한의 면전에서 작은 숫자가 독립하려 하는 것이 얼마나 가련한지. 그것은 파도의 골에 떠 있는 거품이 이렇게 떠벌리는 것과 같습니다.

"내가 얼마나 강한 거품인지 봐라. 지름이 1/3인치나 되고, 4초 동안이나 삶을 누린다. 나는 나 자신으로 남길 원하지 깊이도 알 수 없는 대양에서 자신을 잃기 싫다."

신이 많이 존재하냐고요? 어떻게 그럴 수 있습니까? 내 오른팔을 움직여 원을 그리면 거기에 얼마나 많은 움직임이 보입니까? 하나입니다. 이제 내 왼팔도 움직입니다. 두 개의 동작이 있습니까? 그렇습니다. 하지만 여전히 내가 움직이는 것이죠. 해와 달과 별이 얼마가 있든, 얼마나 많은 힘이 작용하든 신은 말합니다. "아가야, 그건 전부 나의 모습이란다.".

대양이 곧 물결, 조수, 만, 내해 그리고 해변을 씻는 여울이듯, 한 사람의 생명력이 수많은 혈액세포 안에서 일어나는 생명력의 헤아릴 수 없는 변화가 되듯 하나의 무한은 우주에서 수많은 것들이 됩니다. 우리 각자가 개인을 지배하는 영혼이듯, 모든 신과 여신은 우주의 본래 몸체와 힘을 다스리는 영적인 에너지입니다. 그들 또한 까르마 법칙의 지배를 받는 거대한 영혼들입니다.

이쯤에서 그리스도나 끄리슈나 같은 신의 현현(顯現)을 추종하는 사람들은 신에 대한 요가적 관점에 이러한 현현의 개념이 있는지 묻고 싶을 것입니다. 신이 육체를 갖게 된다는 개념은 요가전통에서 수천 년간 지속되어온 것입니다. 그것은 〈바가바드기따〉에 강조해 언급되어 있습니다.

선이 스러지고 악이 성할 때마다
나는 나 자신을 보낸다.
옳은 것을 지키기 위해
악을 파괴하기 위해

선을 다시 일으켜 세우기 위해

나는 영겁의 시간에 걸쳐 태어난다.

- 〈바가바드기따〉 Ⅳ. 8

역사상 여러 차례 신의 현신(現身)이 곳곳에 있었으며, 반복되어 일어난다고 합니다. 이런 현신에 해당하는 말은 *내려온 분*(아바타라 *avatara*)입니다. 신의 권능과 출현은 그 시대, 그곳에서 필요로 하는 사명을 다하기 위해 때에 따라, 곳에 따라, 문명에 따라, 행성에 따라 수많은 언어를 말하며 수많은 외모를 갖고 계보를 이어왔습니다. 신은 그녀의 무한한 연민 때문에 모든 세상에 현현해야 하며, 또한 우리 행성의 모든 시간에 현현해야 하기 때문에 어떤 고대 경전에는 "신의 몸에 난 털만큼이나 많은 우주가 있다."고 말합니다.

〈마하바라따〉에서는 다음과 같이 쉽게 풀어 쓰고 있습니다.

> 내가 야차 *yakshas*[1]들 사이에서 태어나면 나는 야차처럼 보고 말하고 입고 행동한다. 간다르바 *gandharva*[2]나 데바 *deva*[3]들 사이에서 태어나면 그들처럼 보고 말하고 입고 행동한다. 그곳의 누구

---

[1] 산스끄리뜨어의 야끄샤를 야차라 부른다. 볼 수 없고 초자연적인 힘을 지니고 있어 두려워할 귀신적 성격을 가졌는데 귀신(鬼神: 羅刹)의 하나로 여겨졌고, 불교에서는 불교를 지키는 신으로 되어 있다. 〈베다〉에도 나타나지만 민간신앙의 신으로, 야끄샤는 남신(男神)이고 여성신 야끄시니는 지모신(地母神)·수신(樹神)으로서의 성격을 지니고 있었다.
[2] 하늘의 계급. 기악을 담당하는 반신반인으로 '건달'의 어원이기도 하다.
[3] 산스끄리뜨 어로, 신(神)을 뜻한다.

도 그 세계 사람들과 다른 나를 알지 못한다. 이번에 나는 어떤 사명을 완수하기 위해 인간들 사이에 태어났으며, 소수만이 나의 신성한 참본성을 안다.

– 〈마하바라따〉, 〈아슈바메다-빠르반 Ashvamedha-parvan〉, 〈아누-기따 Anu-gita〉 54, 14-20

〈바가바드기따〉에서 분명히 밝히고 있습니다.

"경험이 없는 자는 사람의 형태인 나를 보고, 위대한 군주로서 내 궁극의 초월적인 본성을 알지 못한 채 사람으로 존재하는 것으로 오해한다."

어떻게 참되지 않은 형태를 보고 참된 신의 현현을 알 수 있을까 하는 의문이 생깁니다.

주님은 복음서에 말씀하지 않았습니까?

"나는 길이요, 빛이요, 생명이다."

요기는 "참으로, 그렇고 말고!"라고 답합니다.

주님은 나타날 때마다 이를 반복해 말씀했습니다. 〈바가바드기따〉 Ⅹ. 41에서 이런 내용을 봅니다.

"빛나고 강하고 위대한 모든 것은 오직 나의 본성에서 나온 것임을 알라."

이것이 누구의 말씀입니까? 예수가 끄리슈나를 부인했습니까? 아니면 끄리슈나가 예수를 부인했습니까? 진리를 우리에게 상기시키기 위해 인간으로 내려온 한 주님의 두 현신(요기는 그렇게 봅니다.) 모두 같은 말씀을 전합니다. 우리는 기따에서 끄리슈나의 현신으로부터 듣습니다.

> 사람이 걷는 모든 길로 그들은 내게로 온다.
> 그들이 나의 어떤 모습, 어떤 부분을 경배하든
> 나는 그쪽으로 그들의 믿음을 강화시킨다.
> 그리고 그 믿음을 통해 그들은 내게로 온다.
> – 〈바가바드기따〉 IV. 11; VII. 21-22

이 말씀이 진실임을 믿으며 요기는 어느 곳 어느 문명에서 가르치든 그들이 받아들인 현신을 향해 사람들의 믿음을 강화합니다. 기독교 국가에서 요기들은 기독교 예배의 참의미를 많은 사람들의 가슴에 전해줍니다. 예를 들어, 교회 다니기를 중단한 많은 사람들이 명상을 배운 후에 새로운 신앙을 가지고 다시 다니기 시작하며, 미사나 여타 예배를 거부했던 많은 삶들이 다시 참여하는 기쁨을 받아들이기 시작했습니다. 이제 그들은 예배에 새로운 의미를 부여하며 내면의 신의 목소리를 듣습니다. 요기는 어디서든 사람들의 믿음에 도움을 주며, 그들의 교회, 사원, 모스크, 피라미드, 파고다(탑)에서 그들이 사랑하는, 어디에나 있는 신을 만나도록 합니다. 하지만 요기들은 인간의 개성이라는 사원에 있는 신을 먼저 만납니다.

이것은 여전히 자기 선택이기보다 주어진 여건에 따라 신앙을 가지고 엄격한 믿음을 지켜가는 사람들을 당혹스럽게 합니다. 만일 그의 신념이 X만이 진정한 현신이라 말한다면, 그래서 다른 모든 현신들을 가짜 신이라 말한다면, 어떻게 그런 사람이 다른 현현들이 진실임을 받아들일 수 있겠습니까? 박티 요가, 헌신의 요가에서 그 답을 찾을 수 있습니다. 신의 어떤 현현, 어떤 얼굴을 받아들였든 그 하나에 진실하십시오. 그를 노래하고 그를 이야기하며 그 한 존재의 복음을 전파하십시오. 하지만 다른 사람들도 그렇게 하도록 놔두십시오. 그곳에 당신의 해방이 있습니다.(어떤 점에서 이 사구나saguna 박티, 즉 한 가지 유형의 신에 대한 헌신은 당신을 형태가 없는, 니르구나, 그의 무한으로부터 모든 현신들이 내려오며 그에게로 모든 현신들의 가치 있는 양자들이 용해되는 니르구나로 이끌 것입니다.)

인류는 항상 신의 여러 모습이라는 개념을 받아들였습니다. 모든 인종은 신이 자신들과 닮았다고 믿습니다. 강가 계곡의 붓다들은 인도인이며, 간다라[4] 미술의 신은 그리스인이고, 티베트에서는 티베트인, 일본에서는 일본인입니다. 이름조차 변화를 겪습니다. 일본에서 붓다Buddha는 부쓰Butsu입니다. 같은 일이 예수에게도 일어나 라틴어로는 예수스Jesus입니다. 중국에서 그는 중국인으로 보입니다. 일본 아기예수의 탄생 장면에 등장하는 인물들은 모두 일본인입니다. 유럽과 미국에서 예수는 유럽인입니다(유태인도 아닙니다). 인도의 크리스마스카드에는 성모가 사리를 입고 있습니다. 아마도 현대 미국의 젊은이들은 언젠가 예수에게 청바지를 입힐 것입니다. 그러나 신은 토가(로마 귀족들의 옷)도, 기모노도, 청바지도 입지 않습니다.

신의 목소리는 세월에 따라 다르게 들립니다. 그 자신은 하나의 마이크에 대고 말하는데, 사람들에게는 다른 방에서 수많은 시끄러운 스피커나 라디오를 통해 듣는 웅변가의 목소리와 같습니다. 각 스피커와 라디오는 "내 말을 들어라." 하고, 무지한 사람은 자신의 라디오를 선반 위에 올

---

[4] 현재는 파키스탄 페샤와르현에 속한다. 특히 불상조성에 헬레니즘 양식을 반영해 중국과 한국, 일본 등 동아시아 불교미술에 큰 영향을 끼쳤다. 경주 석굴암은 간다라 미술의 영향을 받은 대표적인 불상으로 여겨진다.

려놓고 그것을 경외하며 다른 사람들의 라디오는 거짓 신이라고 비난합니다. 이것이 신의 목소리가 여러 세기에, 여러 문명에서, 여러 현신들을 통해 들려올 때 종교의 권리를 주장하는 모든 이들이 해온 일입니다. 각 현신을 따르는 자들에게 신은 "나는 돌아올 것이다." 약속했습니다. 하지만 그가 돌아왔을 때, 우리는 매번 그를 거부합니다. 고대 인도에서 신은 산스끄리뜨를, 이스라엘에서는 아람어(Aramaic - 셈 어족의 하나)를, 아라비아에서는 아랍어를, 중세 유럽에서는 라틴어를 말했고, 오늘날 우리 생각에 신은 미국식 영어만을 말합니다. 나머지는 전부 부정해야 할 이방인이요 거짓입니다. 그런 편협한 시각으로는 신의 진정한 실재에 절대 이를 수 없습니다. 베다에서는 이렇게 말합니다.

> 위대한 자에게 천 개의 머리와
> 천 개의 눈과, 천 개의 다리가 있으니
> 모든 방향에서 지구 전체에 깃들어
> 그는 열손가락 뼘의 범위를 초월한다.
> – 〈리그베다〉 X. 90. 1

모든 신학체계에 공통된 또 하나의 의문은 현신의 신성에 비견되는 인성에 대한 의문입니다. 기독교에서 일어나는 주된 분열은 서양 교회에서는 그리스도라는 인간 안에 인성과 신성이 결합되어 있다고 믿는 반면, 동양 교회에서는 그리스도의 신성만을 받아들이는 데 있습니다. 이 문제는 신의 영광 중 일부만이 현현할 수도 있다는 베단따의 주장에서 답을 찾을 수 있습니다. 즉 모든 생명이 신이므로 어떤 면에서 우리는 모두 '육신이 된 신'입니다. 우리는 부분적 현현, 암샤바따라amshavatara입니다. 아무리 작더라도 신의 티끌 하나가 우리 안에 있습니다.

사실 〈바가바드기따〉 카슈미르 판의 유명한 시편에 이렇게 적혀 있습니다.

"선이 스러지고 악이 성할 때마다 나는 나 자신의 일부를 보낸다."

모든 현신들이 그들의 신성이나 인성 수준에서 동등하지 않습니다. 하나의 특정한 사명을 완수하기 위해 얼마나 많은 신의 *우주적인 힘*(깔라*kala*)을 발현하도록 만들어졌느냐에 따라 그들의 신성과 인성의 비율이 결정됩니다. 사명에 따라 주어진 현신에서 인성과 신성한 본성의 이원성은 쉽게 관찰할 수 있습니다. 무화과나무를 저주하거나, 십자가 위에서 "아버지, 아버지, 어찌 나를 버리셨나이까?" 하고 울부짖는 예수는 분명 현신의 인간적인 면을 보이는 듯합니다. 옆구리를 창에 찔렸을 때 그는 피를 흘리지 않았습니까? 그가 육체적 고통을 겪지 않았습니까? 그러나 그다음 신성한 영혼이 그 존재를 주장하며 의지가 다시 일어섭니다. 스와미 라마는 "예수는 고통을 겪었지만, 그리스도는 고통을 겪지 않았다."고 말했습니다.

수많은 유형의 현현이 있습니다. 신은 우주가 됩니다. 신은 육신이 됩니다. 신은 또한 인간으로 태어나 요가수행을 통해, "천상의 아버지가 완전하듯이 너희도 완전하라."는 명제를 따르려고 애쓴 사람을 통해 자신의 힘과 영광, 샥띠를 드러내 보이기도 합니다. 그렇게 인간처럼 보이는 이가 '싯다siddha'[5] 즉 문자 그대로 완전해진 존재입니다. 현신은 신성이 인성으로 강림한 것이지만, 반면 싯다는 인성이 신성으로 승화한 것이라는 차이가 있습니다. 아바따라avatara와 싯다로 나타나는 강림과 승화는 본성에 있어 더 이상 차이가 없습니다. 이런 신성을 알아보고 경외하는 전통에서는 아바타라와 싯따 모두 주님인 바가반

---

[5] 성취자, 통달한 자 혹은 완전한 자

*Bhagavan*으로 봅니다.

> 모든 지배력, 미덕(그리고 우주적 법과 질서),
> 명성, 영광, 지식 그리고 공정함
> 이 여섯 가지가 '바가*bhaga*'이다. 이것들을 타고난 존재가
> 주님인 바가반*Bhagavan*이다.

군주의 권능과 행위는 헤아릴 수 없습니다. 인도에서는 일상적으로 각각이 권능과 행위를 상징하는 천 가지 군주의 이름을 경외하며 암송합니다. 천 가지 이름에서 선별한 수많은 모음(만뜨라)이 있으며, 각각의 만뜨라는 "당신(주님)을 존경하고 경외하며 당신에게 복종합니다. 내 이기적 자아의 모든 요구를 포기합니다."라는 의미를 가진 이름으로 끝을 맺습니다. 그러고는 천 번 절하고, 봉헌하는 자가 말합니다.

"당신 이름의 한계 때문이 아니라, 내 능력이 다하였으므로 여기서 마칩니다."

모든 이름은 신의 이름이며, 모든 것에 신이 현현하기 때문에 신의 이름에는 한계가 없습니다. *전부인 신*(사르베슈

바라sarveshvara), *모두의 영혼*(사르바뜨만sarvatman), 모두의 신이 신성한 은혜와 영광의 일부만을 얻고서 모든 영광을 자기들만 가졌다고 주장하는 교회와 종교, 국가로 갈리는 것은 비극입니다.

전쟁하는 나라는 서로가 깃발을 들고 정복의 신성한 권리를 주장하고, 각 진영의 고위 성직자들은 같은 신의 이름으로 병사들을 축복합니다. 대적하는 두 이교집단의 추종자들은 길 하나를 사이에 두고 마주하며 서로를 비난합니다. 그들은 서로 공통된 집단기도를 갖고 있습니다. "나의 신은 참 신이요 너의 신은 거짓이다.".

현대신학에서 신은 지적 곡예(현란함)에 희생되었습니다. 비록 12세기에 걸친 수많은 베단따 구절도 비슷한 논쟁으로 가득하지만 차이가 하나 있습니다. 그들은 논리를 묵상 속에 녹아들게 해 탐구자로 하여금 신을 직접 알도록 끊임없이 상기시킵니다.

신을 알지 못하는 사람들이 단지 추측만으로 그들의 개인적인 잠재의식의 한편으로 치우침을 신의 탓으로 돌리며 그의 본성에 대해 말하기 때문에 여러 신학에 차이점이 생깁니다. 모든 종교의 최초 예언자, 또는 그 종교를 설립한 성자는 내적 지식과 분명한 통찰력을 갖고 있었으나 직접적으로 지각하지 못한 그 제자들은 스승이 말한 의미를 추측할 수밖에 없었습니다. 코끼리를 자기 멋대로 정의한 이야기 속의 장님들이 각자 자신만의 숭배자를 내세웁니다.

신에 대해 설명하는 어떤 말도 완전할 수는 없으므로 참다운 깨달음의 철학자들은 침묵을 택했습니다. 말해야 할 때는 단지 "이것들이 아니다."라고 말합니다. 우빠니샤드도, 에카르트(M. Eckhart, 독일 신비주의 철학자, 신학자)도 그렇게 말했습니다. 종종 무신론자라는 비난을 받는 불교인들은 그 궁극의 실재를 수냐$shunya^6$로 정의합니다. 수냐는 단순하고 제한된 언어적 인식에서 비롯되는 상대적 허무가 아닙니다. 다음에 1세기에 공식적으로 불교철학을 집대성한 나가르쥬나$Nagarjuna$와 그의 주석자 찬드라끼르띠$Chandrakirti$를 인용합니다.

> 실재의 모든 측면의 진술에 적용 가능한
>
> 네 가지 범주, 즉 꼬띠$kotis$는 다음과 같다:
>
> 그것은 그렇다
>
> 그것은 그렇지 않다

---

6 공(空). 붓다가 깨달았을 때 자기 마음을 비롯한 우주의 모든 존재는 텅 비어 있어 실체가 없다는 것을 알았다. 그러한 텅 빔의 상태를 수냐라고 하는데, 이것을 깨닫는 순간 해탈한다고 한다.

그것은 그렇기도 하고 그렇지 않기도 하다

그것은 그렇지도 않고 그렇지 않지도 않다

궁극적 실재 수냐는 이들 중 하나가 아니다.

그러므로 여래장(따타가따-가르바 Tathagata-garbha, 如來藏)7의 궁극은 존재하는 실재에 대한 단순한 부정이 아니며, 동시에 그 부정에 대한 부정도 아닌, 공(nihil, 空)입니다. 그런데 이것은 신의 정의와 관련해 우리에게 무엇을 말해주고 있는 걸까요? 개인적인 경험으로 다시 돌아갑시다.

모든 종교의 설립자들은 개인적으로 신을 경험했기 때문에 갈라져 치닫는 여러 계파들의 공통된 실마리를 추적할 수가 있습니다. 이중 몇 가지를 비교해봅시다. 요가 베단따 전통에서는 신을 세 단계의 실재로 설명합니다.

브라흐만 Brahman : 초월적 존재, 절대적 존재, 개인의 한계를 벗어난 존재

히란야-가르바 Hiranya-garbha : 황금자궁 – 신, 어디에나 존재하는 우주의 영혼

---

7 따타가따는 여래, 가르바는 장 또는 태아라는 두 가지 뜻을 가지고 있는 합성어다. 불교의 여래장경에서는 중생을 여래의 태아라고 표현하고있는데, 이 말은 모든 중생들은 자기 안에 여래가 될 씨앗을 품고 있기 때문에 언제든지 여래가 될 수 있는 가능성이 있다고 한다.

또는

이슈와라 *Ishvara*: 군주 – 인격신

아바타라 *Avatara*: 예수나 끄리슈나처럼 역사 속에 나타나는 현신

기본적으로 궁극적인 실재를 수냐로 정의한 불교 철학자들은 같은 실재를 두 단계로 보았습니다.

빠라마르타 삿띠야 *Paramartha satya*: 궁극적 진리, 초월적 진리

삼브르띠 삿띠야 *Samvrti satya*: 우주에서 볼 수 있는 가려진 상대적 진리

불교에서는 붓다의 생존기간을 요가 베단따의 브라흐만, 이슈와라, 아바타라와 유사한 세 가지 실존으로 보았습니다. 불교인들이 인식하는 붓다의 삼위(三位)는 다음과 같습니다.

다르마-까야 *Dharma-kaya*(法身佛): 초월적인, 초인격적인 존재 (브라흐만과 유사)

삼보가-까야 *Sambhoga-kaya*(報身佛): 어디에나 존재하는

우주의 깨달은 영혼

니르마나-까야 Nirmana-kaya(化身佛): 때에 따라 현신하는 역사적 부처

   기독교에는 성부, 성자, 성령의 삼위(三位)가 있습니다. 다시 살펴봅시다.

요가베단따	불교	기독교
브라흐만	다르마 까야	하느님, 성부, 말씀, 초월적 실재
히란야 가르바 또는 이슈와라	삼보가 까야	성령, 물질세계에서 가르침을 주는 영혼
아바타라	니르마나 까야	성자, 역사 속의 하느님

   이것은 같은 신입니다. 비록 철학의 세세한 부분까지 완전히 개발되지는 않았더라도, 다른 전통에도 유사한 체계가 있을 것이라 믿습니다. 종교 간의 유사성은 다른 부분에도 많습니다. 예를 들면, 요가전통에는 싯다들이, 불가에는 아라한 arhants(짐을 벗은 자, 해탈한 자)들이 있으며, 기독교인들은 성자들에게 신과 인간 사이의 중재를 구하는

기도를 합니다. 종단의 완고한 신학자들이 다른 종단 성자들의 존엄성을 인정 못할 수도 있지만, 더 현명하고 영적으로 깨달은 사람이라면 그런 편협한 시각을 갖지는 않습니다. 인도에서는 자유로운 종교통합운동이 일어나 가능한 최대의 범위까지 발전했습니다.

예를 들어, 가장 오래된 산스끄리뜨 희곡작가이자 우리 안에 잠재된 신, 쉬바의 헌신자인 슈드라카Shudraka의 〈작은 진흙 손수레The Little Clay Cart〉는 다음과 같이 시작합니다.

> 그의 뱀(꾼달리니[8])을 두 겹으로 똬리 틀고
> 가부좌로 앉아
>
> 생명호흡을 안으로 보유하여
> 모든 인지작용이 멈추고, 감각이 정지하고
> 모든 진행이 멈춘다.
>
> 진리를 보는 혜안으로
> 진아와 자아가 하나임을 알아보니

---

8 척추의 맨 아래에는 원초적인 생명 에너지가 잠자고 있다고 한다. 이 근원적인 힘이 척추 끝에 위치한 물라드라 짜끄라(Muladhara Chakra)에 뱀처럼 똬리를 틀고 있는 것으로 묘사되며, 이 힘을 꾼달리니 샥띠(Kundalini Sakti)라고 한다. 엄청난 잠재 에너지를 보유하고 있는 이 힘이 요가 수행에 의해 깨어나 척추를 통해 상승해 정수리에 있는 영안을 각성시키면 깨달음에 이른다고 한다.

수냐의 발현으로 촉발된 브라흐만에
완전히 몰입하는 쉬바의 사마디가
여러분을 보호해주기를 .

브라흐만(초월자), 아뜨만9(진아), 쉬바(인격적 신의 발현)뿐 아니라 불교의 위대한 공(수냐)도 여기서는 한 가지 생각에 완전히 맞아들어갑니다. 이런 것이 하나의 완전하고 무한한 전체 안에서 진리의 모든 측면을, 실재의 모든 단계를 인지하는 순수한 마음의 아름다움입니다. 그런 순수한 마음은 어떤 것도 거부하지 않고 편견 없이 전부를 받아들입니다. 하여, 우빠니샤드의 대단히 유명한 기도에서는 거부하지 않고 부인하지 않고 반박하지 않고 배척하지 않고 반대하지 않고 '아니'라고 말하지 않는 사람, 아-니라-카리쉬누*a-nira-karishnu*에게 축복해줄 것을 기원합니다. 사제나 승려로 서품을 받을 때 아니라카리쉬누가 되도록 조언합니다. 늘 수용하고 순응하는 것이 탐구자와 성자의 본성이기 때문입니다. 그러나 요가를 수련하는 많은 서양인들이 이런 문제에 관심을 두지 않습니다. 그들의 가장 중요한 의문은 이런 것입니다.

---

9 우주의 근본 원리를 '브라흐만'이라고 할 때, 개아(個我)에게 나타나는 브라흐만의 빛을 '아뜨만'이라고 한다. 흔히 아뜨만을 '진아(眞我)'라고 번역한다. 무상의 깨달음을 얻은 성자들은 직관적인 통찰로서, 아뜨만이 곧 브라흐만이라고 말한다.

- 나는 요가 고유의 이로움 때문에 요가를 수련하는데, 내가 당신들의 신관을 수용해야 합니까?
- 나는 기독교인입니다. 그리스도를 나의 유일한 구원자로 여깁니다. 나는 더 깊이 기도하려고 명상을 수련합니다. 교회에서 배운 교리를 위반하고 싶지 않습니다. 교리를 바꿔야 합니까?
- 나는 무신론자, 불가지론자입니다. 신에 관심이 없지만 즐겨 명상합니다. 당신들의 신학은 어디까지 나의 신념을 수용할 수 있습니까?

요가는 종교도 아니고 교회도 아닙니다. 교리에 대한 믿음을 요구하지도 않으며, 신앙 고백도 필요 없습니다. 모든 요가철학은 명상 경험 이외 어떤 것과도 관계가 없습니다. 누구에게도 믿음에 집착하기를 요구하지 않으며, 다만 과학적이고 오랜 기간 검증된 명상법을 수련하도록 권합니다. 이 명상법의 확실한 효과 때문에 요가를 접했던 모든 종교인과 철학자들이 자신들의 종교, 철학과 명상을 조화시키려 했습니다. 인도, 중국, 티베트, 네팔, 몽고, 스리랑카, 미얀마, 태국, 라오스, 캄보디아, 베트남, 인도네시아, 한국, 일본의 4천 년에 걸쳐 발전해온 모든 도를 닦는 방법에는 수백 가지 철학과 신념이 있지만 모두가 다양한 수준에서 어떤 식으로든 요가 행법을 받아들였습니다. 무슬림들 사이에서는 많은 수피들이 요가와 합의점을 확립했습니다.

요가와 서양의 접촉은 최소한 마케도니아의 침략자 알렉산더가 그리스 군대를 인도에 몰고 왔던 기원전 4세기로 거슬러 올라갑니다. 기독교 국가들의 역사에 요가가 미친 영향은 많습니다.

기독교에 묵상의 전통을 재발견하고자 하는 최근의 흐름으로 기독교 요가라는 말이 나오고 이에 관련한 글이 많아졌습니다. 그러므로 제대로 된 선생이라면 기독교(또는 유대교) 기도 안에서 명상법을 가르칠 수 있습니다. 힌두 요가, 불교 요가, 기독교 요가는 있어도 어떤 믿음에 대한 집착을 전적으로 요구하는 요가전통은 없습니다.

종교에서는 먼저 믿고 나중에 수련하도록 권하지만, 요가에서는 수련법을 먼저 훈련하고 그 경험을 발전시킬 교리를 추구합니다. 명상은 신을 추구하는 실험입니다. "물은 H_2O다."라는 수뜨라-아뜨만 *sutra-atman*을 당신이 믿거나 혹은 믿지 않아서 실험하는 것이 아닙니다. 교수의 가르침에 따라 실험이라는 방법으로 스스로 공식을 증명하는 것입니다.

신을 믿지 않는 사람에게 우리는 건강, 복지, 긴장과 스트레스로부터의 자유, 감정적 평정과 전반적인 인성의 강화(신경과 감정의 흔들림이 없게 됨.) 같은 개인적 이익을 위해 요가수련을 하도록 권합니다. 이런 것은 신과 아무 상관없이 얻을 수 있습니다. 명상수련으로 과학자들은 마음이 깨끗해져 자연의 신비에 관해 직관을 가질 것으로 확신합니다.

기도하는 마음(신앙)을 가진 이들은 그 기도가 더 깊고 고요해질 것입니다. 시인이나 예술가는 요가를 통해 즉흥적이며 탁월한 창조력을 발견하게 될 것입니다. 철학자라면 명상을 통해 소크라테스나 칸트 같은 초월주의 철학자들의 가설을 시험해볼 수 있습니다. 마음에 명징, 평정, 조화, 직관 등이 계발되면서 삶의 목적과 방식의 섬세한 의미에 의문을 품기 시작합니다.

의식이 있는 실재는 천박한 겉마음 너머에, 익숙지 않은 것은 익숙한 것 너머에, 아마도 무한한 것은 한계 너머에 존재한다는 추측을 시작합니다. 때로는 명상 중에 형언할 수 없이 평온한 상태를 맞고, 스스로 무한의 끝자락을 만진 듯 느낍니다. 그런 후에라야 초월적 실재를 믿기 시작합니다. 당신이 '신' 같은 진부한 단어에 과민하다면 당신이 경험한 것을 X라 부르십시오.

신을 탐구하는 사람들 중에 이렇게 묻는 사람들이 있습니다.

"요가방법을 통해서만 신을 알게 됩니까? 그냥 나의 구세주를 받아들이고 그의 은혜에 헌신할 수는 없습니까?"

영적 성장의 심리를 철저하게 공부한 후에라야 이런 질문에 답을 찾을 수 있습니다. 헌신의 길에 끼어드는 사악한 이기적 자아를 어떻게 막을 수 있을까요? 요가전통에선 이렇게 말합니다.

"자신을 정화하면 자비는 따라올 것이다."

당신이 신에게 두 걸음 다가서면, 그의 자비는 당신에게 네 걸음 다가올 것입니다. 요가수행법은 몸과 마음을 정화해 당신에게서 장애물을 손쉽게 제거합니다. (물론 이것은 신의 자비를 탐구하는 사람들에게만 해당합니다. 요가를 통해 단지 신체건강과 정신적 이완만을 추구하는 사람들은 더 이상 나아가지 않습니다. 단언하건대 교리적인 믿음은 전혀 없습니다.) 어쨌든 장애를 제거할 때 은혜가 우리에게 흘러온다는 상존하는 은혜의 법칙이 요가전통의 근간입니다. 이 은혜는 신으로부터 우리에게로 흘러옵니다.

우리를 기도와 명상으로 부르는 것은 내면의 신입니다. 그는 부르고 또 부릅니다. 그리고 우리는 대답합니다. 그 부름이 충분히 강하고 분명해졌기 때문에 당신은 이 책을 읽고 있는 것입니다. 이전에 그 부름이 약했던 것이 아닙니다. 단지 당신 내면의 귀의 주파수가 틀어졌을 뿐입니다. 점차 내면의 귀가 신의 주파수와 같게 되었고, 당신은 즐겨 시청하는 TV 프로그램을 보기보다 이 책을 읽기로 선택한 것입니다.

성자이자 철학자인 비댜란야Vidyaranya는 말했습니다.

"당신이 합창하는 당신 아들의 목소리를 듣고 싶다면, 다른 사람들이 노래하는 소리를 멈춰야 합니다."

요가는 그 멈춤의 과정입니다.

우리 안의 신의 존재를 꾼달리니, 신의 잠재력, 능력, 내면의 신이라고 부릅니다. 그것은 빛의 줄기, 생명, 의식이며 그 의식으로 인해 우리는 "내가 존재한다."는 것을 압니다. 신이 자기 존재의 빛을 아주 조금 인간에게 비추어

개개인의 육신이 된 것과 같습니다. 내면에 신이 존재하므로 우리는 신의 부분적인 현신이 됩니다. 이 빛줄기는 미세하고 가늘다고 합니다. 숫자로 비유하자면, 머리카락 굵기의 만분의 일과 같다고 합니다. 그것은 만개의 태양에서 비추는 섬광처럼 빛납니다. 그 빛은 신의 사원인 우리 몸, 우리 인성 안에서 타오르는 양초입니다. 이 신성한 에너지가 생명의 역장(力場)을 만들어 우리 육신이 만들어집니다. 자석 위에 종이 한 장을 놓고 그 위에 쇳가루를 뿌리면 그 쇳가루들이 자장의 형태를 따라 스스로 정렬합니다. 인간의 몸도 꾼달리니에서 발산되는 32만5천 개의 에너지 흐름을 따라 균형과 조화를 이루며 정렬되어 있습니다. 그러므로 인간의 인성은 신성한 신의 이미지에 따라 창조됩니다.

우리의 모든 생명, 힘, 창조성, 생각, 느낌, 감정, 감각은 꾼달리니의 광채에서 에너지를 끌어옵니다. 인류가 경험하고 표현하고 창조한 모든 것 – 시, 문학, 피라미드, 평화, 전쟁, 외교, 역사, 의학 그리고 별처럼 빛나는 책 – 은 동일한 에너지의 작은 방출입니다. 정신적이든 육체적이든 우리 안에서 벌어지는 모든 것은 이 힘에서 비롯된 일련의 안으로 터지는 내파(內波)입니다. 완전하고 좋고 건강한 모든 것은 꾼달리니의 순수함에서 비롯됩니다. 불완전하고 사악하고 건강하지 않은 것은 모두 꾼달리니에서 나오는 에너지를 우리가 만든 장애물이 둘러싸고 있기 때문입니다.

꾼달리니는 내면의 모든 의식과 생명으로 이루어집니다. 꾼달리니의 생명력이 인간의 특성을 유지하기 위해 두 가지 또 다른 역장(力場)을 투영합니다.

첫째는 알아차림과 유사한 기능을 의식으로부터 부여받는 마음의 역장(力場)입니다.

두 번째는 꾼달리니로부터 살아 있다는 것과 유사한 무엇을 부여받는 쁘라나, 혹은 우리 인성의 생명 역장(力場)입니다. 짜끄라를 통해 두 역장(마음과 쁘라나)이 인간 개체의 정신생리학적 작동에 영향을 주는 데 필요한 광채를 꾼달리니로부터 받아들이며, 그런 작동에는 대단히 적은 에너지만 필요합니다.

전통에서는 꾼달리니의 진정한 힘이 우리 안에 잠들어 있다고 단언합니다. 신의 에너지가 잠들다니? 신의 에너지가 잠든 것이 아니라, 그 에너지가 모든 충동으로부터 우리를 내면으로 불러들이기 때문에 그렇게 말합니다.

전통으로 돌아가 그 에너지를 우리의 모든 신성한 본성의 어머니에게 어울리는 대명사, '그녀'로 부릅시다. 우리의 모든 에너지의 충동 속에서, 모든 내적 폭발 속에서 그녀는 우리를 당신에게로 부릅니다. 그녀의 부름에 잠자코 대답 않는 존재, 그것이 우리입니다.

자신을 정화할수록 우리를 신성하게 만드는 꾼달리니의 힘, 신성한 빛이 삶을 더 많이 비추고, 우리는 신과 함께하는 법을 배웁니다. 우리는 익히 알려진 봉헌성가를 한 단어로 바꿀 수 있을 것입니다.

> 그분이 나와 함께하며 내게 말합니다.
> 내가 그분의 것이라 합니다.
> 우리가 그곳에 머물며
> 함께하는 기쁨은
> 아무도 알지 못하는 것입니다.

꾼달리니는 신성한 빛과 소리를 담고 있습니다. 명상 혹은 신비의 경험을 통해 빛이 더욱 거침없이 비칩니다. 그래서 모든 종교에서 빛의 환영을 신의 현존으로 보는 것입니다. (신성한 소리, 만뜨라도 순수한 진동이 되어 우리를 내면으로 이끕니다.)

우리가 내면의 부름에 주의를 기울이지 않으면 꾼달리니는 밑으로 떨어진 뱀이 되어 가장 낮은 중심에 머물며, 일곱 중 가장 낮은 짜끄라보다도 더 밑에서 어둠의 지하를 다스리는 힘이 됩니다. 그러나 그녀가 일곱 하늘, 일곱 교회, 일곱 연꽃, 일곱 짜끄라를 통해 완전히 상승하면(깨어나면), 마침내 일곱 번째 하늘의 문이 열리고 천 개의 꽃잎을 가진 연꽃이 피어나 천 개의 광선을 가진 태양이 그 완전한 광채 속에 빛납니다. 이것이 사람뿐 아니라 모든 것의 내면에 그리고 그것 너머에도 존재하는 신의 본성입니다.

이것은 이상도, 일시적 경험도 아닙니다. 그런 일이 있은 후에는 영혼이 무한한 진아와 함께하기 때문입니다. 언어로 이런 초의식 상태를 설명할 수 없습니다. 만개하는 태양의 심장에서 빛을 가져다 금강석 중심에 집적시키십시오. 은하 간의 먼지와 행성을 모두 비우고, 그 공간을 한 방울 한 방울이 만개의 태양빛을 담고 있는 금강석의 핵으로 채우십시오. "그것은 신의 자각을 불어넣은 살아 있는 빛이다.". 한 사람을 빛의 물로 채워진 우주의 바다 속 밑을 수 없을 만큼 깊은 곳에 빠뜨리면 그 사람의 가장 세밀한 의식 속으로 강렬한 빛이 불어넣어져 그 순간부터 더 이상 그 사람이 아니며 오직 살아 있는 빛이 이렇게 선언합니다.

"나는 그다. 태양 속에 빛나는 광채, 그가 나다."

다마스커스로 가는 길에 이 살아 있는 빛이 사울[10]에 닿자, 그는 3일간 눈을 뜰 수 없었습니다(사도행전 9장 3-9절).

한 사람의 노력만으로 그러한 빛에 닿을 수는 없습니다. 스스로 이런 빛의 운송수단이 되는 존재가 구루이며, 그를 통해 위대한 존재가 거침없이 제자에게로 흐르고, 그분의 정신적 보살핌으로 자격 있는 제자의 의식이 완전한 자각으로 드높아집니다. 은혜는 덧없는 관념에 대한 단순한 사색이 아닙니다. 그것은 꾼달리니에서 실재가 됩니다. 신의 운송도구인 구루는 자신의 완전히 깨어 있는 꾼달리니를 제자의 잠든 꾼달리니에 밀어넣어 그를 일깨웁니다. 요가 전통에서는 그런 은총을 줄 수 있는 사람만이 구루로 불립니다. 자신을 통해 신의 빛이 자유롭게 흐르는 사람이 구루이므로 구루는 평범한 사람이 아닙니다. 첫 번째 구루는

---

10 사울: 사도 바울의 유대식 이름.

히란야-가르바*hiranya-garbha*, 우주의 황금자궁, 우리를 구루의 은혜에 연결하는 신성한 영혼입니다.

그러나 속박과 거짓자아의 오점들을 영적 의지의 자유로부터 제거할 때 비로소 우리는 그 같은 은혜를 받을 만한 사람이 됩니다.

"당신의 뜻대로 하옵소서."라고 말할 수 있을 때 우리는 신의 의지를 전달하는 수단이 될 것입니다. 요기가 받아들이는 신은 이 작은 파동, 작은 개인의 의지를 계속 요구할 것이지만, 그것에 자신의 궁극적 의지를 부여하지는 않을 것입니다.

명상의 첫 단계는 자신의 신성한 의지를 완전히 펴지 못하도록 방해하는 이기적 자아를 줄이는 것으로 시작합니다. 그리고 우리가 명명할 수 없는 가능한 최상의 상태에 이르렀을 때, 그것을 신이라 부르거나(남들에게 설명할 때 별 의미는 없겠지만) 다른 무엇이라 부를 수도 있습니다. 신의 머리칼 하나하나를 상세히 분석하며 신학서적 백만 권을 쓸 수도 있지만, 슬프게도, 그 경험이 찾아오기 전까지는 누구도 알지 못할 것입니다.

벗들이여, 그런 경험을 추구하십시오.

제 5 장

창조의 틀

우리 모두가 어떤 관점을 선호하거나 그에 반하는 입장에 서기 때문에 동서양 철학 학파들 사이의 차이점과 유사점에 대한 혼란이 많습니다. 우리는 자신이 동의하는 견해를 택해 생각이 다른 학파의 견해와 비교합니다. 우리가 그들의 견해를 이해 못하므로 좋지 않게 보는 것 같습니다. 현대 서양의 저술가들이 서양철학과 동양의 가설을 비교할 때 특히 그렇습니다.

예를 들어, "우리는 전능한 신을 믿지만, 그들은 인격신을 믿는다."라고 말합니다. 너무 심한 단순화입니다. 인도 철학은 하나의 동질성 체계가 아니기 때문입니다. 유럽에서 러시아를 제외한 면적의 큰 나라에서 거의 모든 국민이 철학적 사색을 즐기는 가운데 4천 년 간 진화한 철학이 인도 철학입니다. 유럽의 철학적 가설들은 상대적으로 짧은 기간(피타고라스 시대 이후 26세기)에 걸쳐 발전했지만, 유럽 철학에서 신봉하는 것, 혹은 견해를 달리하는 것을 일반화해 평가할 수는 없습니다. 시험하고 선택해야 할 상이한 전제와 관점이 많기 때문입니다. 인도 철학도 그렇습니다.

사실 인도 철학에서 서양 철학이나 신학적 가설에 강요하는 믿음은 전혀 없으며, 인도 철학자들이 시험하고 논박하는 서양 철학이나 신학적 가설도 없습니다. 덧붙이자면, 인도 철학의 가설은 각자의 우주론, 신학 그리고 만물의 이론을 발전시키는 노력을 대변합니다. 인도의 많은 사상가, 특히 일반대중 사이에 유명한 사상가들이 다양한 가설에서 하나의 통합적이거나 공통된 철학을 도출해내고 합일점을 찾으려 노력하며 발전시키려 애써왔다는 사실, 그것이 유일한 인도의 태도인 듯합니다.

이 장에서 우리는 그 전통을 따라갈 것입니다. 베단따와 상끼야 두 학파를 살펴보고, 어떻게 따로 발전된 가설들이 함께 어울려 하나의 완전한 개념을 도출하는지 알아볼 것입니다.

베단따는 '지혜의 끝'이라 합니다. 앞서 살펴보았듯이,

이 학파는 일원론에 근거합니다. 실재의 유일한 토대, 브라흐만을 가정합니다. 그러나 경험 단계나 실용 단계에서 상대적인 실재를 부인하지는 않습니다.

또 하나의 학파 상끼야는 이원론에 근거합니다. 영원히 분리되어 있으면서 상호의존적인 의식적 요소(뿌루샤)와 의식이 없는 물질적 요소(쁘라끄리띠)를 가정합니다. 그리고 수백만 행의 시로 채워진 방대한 책, 〈뿌라나*Puranas*〉가 있습니다. 이 책에서는 두 가설을 통합하고, 여러 갈래로 분리된 원리들을 하나의 체계로 만듭니다. 피조물 속에서 신을 이해하려면 이 통합된 가설의 다양한 범주를 짧게나마 설명할 필요가 있습니다.

신을 표현하는 최상의 단어는 성(性)의 구분이 없고 어떤 격변화도 없는, 모든 언어에서 유일한 단어, '옴'입니다. 이 단어는 어떤 변환도 불가합니다. '옴'은 이름도 형태도 없는 불변의 원리, 결코 변화를 겪지 않는 초의식을 뜻하기 때문입니다. 우주 너머의 소리와 그 의미에 대한 상세한 설명은 〈만두꺄 우빠니샤드〉에서 볼 수 있습니다. 겨우 한 페이지를 채우는 열일곱 줄의 운문으로 되어 있지만, 그 자체도 해석이 어려운 가우디빠다(위대한 구루의 구루의 구

루: 샹까라짜리야)의 주석을 담고 있습니다. 그 기본 가르침을 전해줄 수 있는 몇몇 믿을 만한 영어번역이 있습니다.

〈우빠니샤드〉는 기원전 15세기에서 5세기에 위대한 스승들과 그 수제자들 사이의 대화를 기록한 것입니다. 그리고 8세기에 위대한 샹까라짜리야를 통해 그들의 철학은 더욱 체계화되었으며, 베단따라는 공식적인 학파로 발전했습니다. 이 철학에 따르면, '옴'은 범위를 한정할 수 없으며, 심지어 한정할 수 없다는 말까지도 한정으로 받아들여집니다. 이 말을 하는 순간 우리는 더 이상 옴의 영역에 있지 않고 형식적인 문장을 만들고 있기 때문입니다. 그러므로 옴에 대해 말함으로써 우리 의식을 무한으로 끌어올린다는 생각에 현혹되지 않기 위해 우리는 브라흐만이라는 단어를 사용합니다.

브라흐만을 간결한 용어로 설명하면 삿-칫-아난다(*sat-chit-ananda*: 존재-의식-지복)입니다. 브라흐만은 집단적 존재나 환희의 의식이 아닙니다. 삿-칫-아난다는 가치나 속성을 규정하는 문장이 아닙니다. 브라흐만은 속성도 없고 가치를 산정할 수도 없는 것이기 때문입니다.

존재, 의식, 지복은 브라흐만의 본성 그 자체입니다.

달리 말하면, 삿-칫-아난다, 이것이 곧 브라흐만입니다. 사물이나 사람이 아닌 존재, 또한 이런저런 것의 부재에 반하는 존재도 아닌 존재가 브라흐만입니다. 유한한 존재의 의식이 아닌 의식, 무의식 상태나 무의식적 한계에 반대되는 의식이 아닌 의식, 어떤 식으로든 의식의 높고 낮음에 관련이 없는 의식이 브라흐만입니다. 쾌락이나 고통과 관련이 없으며 그에 대립하지도 않는 지복이 브라흐만입니다. 존재-의식-지복의 브라흐만 안에서는 우주와 그 현상들이 아직 다양한 변화를 시작하지 않습니다. 이런 브라흐만은 부여된 성격도, 한계도 없는 니르구나이며, 여전히 하나의 브라흐만 안에 모든 잠재능력, 샥띠가 있습니다.

브라흐만 안의 모든 잠재능력, 샥띠는 세 가지, 즉 잇차 *iccha*, 갸나*jnana*, 끄리야*kriya*(의지, 지식 그리고 행위)로 나뉩니다. '나는 할 수 있다.'는 의미를 가진 라틴어 '포테오 poteo'에서 유래한 '포텐시아*potentia*'가 흥미롭습니다. 거기서 영어단어 potency가 나왔으며, 브라흐만에 그 단어를 적용하면 브라흐만의 전능, 잠재력이 됩니다. 성 토마스 아퀴나스가 처음 기독교신학을 공식화할 때 이 용어를 반복적으로 사용했으며, 그것은 이제 잠재능력뿐 아니라 그

능력에 관한 지식도 의미합니다.

산스끄리뜨 단어 샥띠도 같은 어원을 갖고 있습니다. 샥띠도 '나는 할 수 있다.'는 의미를 가진 어근 '샥shak'에서 유래했으며, 모든 지식이 포함되어 있는 그 지식을 의미합니다. 예를 들어, 브라흐만의 의지와 지식은 브라흐만의 행위와 분리되어 있지 않습니다. 브라흐만이란 단어는 여성도 남성도 아닌 중성이지만, 모든 요소들이 브라흐만 안에 있습니다. 샥띠와 포텐시아 두 단어는 모두 여성인데, 이 단계에서는 남성 요소가 아직 드러나지 않기 때문입니다.

자주 이런 의문이 생깁니다. 왜 신이 우주를 창조했을까? 왜 신은 이 많은 현상들을 만들어낼까? 무엇 때문에 그 모든 수고를 하는가? 간단히 답하면, 존재는 천성, 어떤 잠재력을 의미하지만, 사용되지 않고 드러나지 않는 잠재력은 전혀 잠재력이 아니기 때문입니다. '나는 할 수 있다.'는 있는 그대로 '나는 알고, 할 의지가 있고, 한다.'는 것을 의미합니다. 바다에게 왜 애써 파도를 만들어내느냐고 물으면, 바다는 "전혀 수고롭지 않다."고 답합니다. 불에게 왜 불꽃을 일으키는지 물으면, 불은 "모든 불꽃이 곧 나다."라고 답합니다. 이는 "모든 우주가 브라흐만 안에 있고, 무한에서 숫자들이 나오듯이 브라흐만으로부터 나오며, 브라흐만에 함께하고, 브라흐만 자체이고, 브라흐만에게 돌아간다."와 같은 맥락입니다.

브라흐만의 내재된 힘, 마야에 대해 앞서 이야기했습니다. 그러므로 브라흐만의 전능, 사르바-샥띠 *sarva-shakti*가 발현되지 않은 채로 있으면 마야가 나타날 기회도 없다는 것 말고는 더 언급할 말이 없습니다. 고대 문헌들은 창조성을 부정적인 기능이라 말합니다. 한 예를 들어 이것을 이해할 수 있습니다. 대리석 한 덩이를 생각해 봅시다. 그 대리석 한 덩이 안에 얼마나 많은 조각들이 발현되지 않은 채 잠들어 있는 것일까요? 셀 수도 없습니다. 그 돌덩이 속으로 상상력을 펼치는 것만으로도 정치가, 철학자, 성자 또는 우리가 선택해 지각하는 무엇이든 백만 개의 흉상을 보게 될 것입니다. 특정한 흉상을 만들도록 요청 받은 조각가는 망치와 끌로 그 특정한 흉상을 조각해 정체를 드러냅니다. 하지만 그 과정에서 조각가는 수백만의 다른 조각들의 가능성을 무효로 만들어야 합니다. 부정하는 그의 행위가 그의 창조성보다 더 강하지만, 구체적으로 명시하지 않아도 창조성은 '나는 할 수 있다.'는 말의 실증인 것입니다.

마야의 기능은 발현되지 않은 것으로부터 구체적인 무엇을 발현시키는 것입니다. 그렇게 하려면 마야는 감추는 힘 – 아바라나 샥띠 *avarana-shakti*와 발현시키는 힘 – 빅셰파 샥띠 *vikshepa-shakti*를 이용해야 합니다. 달리 말하면, 조각가가 드러내는 하나의 특정한 조각에는 수많은 다른 상을 감추는 힘이 내포되어 있습니다. 하나가 다른 하나 없이 기능할 수 없습니다. 이 시점에서 앞으로 발현될 모든 사물의 긍정적인 발현하는 측면과 부정적인 감추는 측면이 양극으로 나뉘게 되며, 창조의 남은 부분은 이 두 실재(발현하는 힘과 감추는 힘)의 상호작용인 것입니다. 우주의 모든 상호작용은 이 두 양극 사이의 작용입니다.

마야의 감추는 힘이 없다면 브라흐만의 모든 발현하는 에너지가, 샥띠가 동시에 드러나 모두가 서로를 사라지게 할 것입니다. 달리 말해, 모든 것이 동시에 발현되면 어떤 것도 발현되지 않습니다. 이것이 우리 관심을 우주의 악과 불완전의 문제로 이끕니다. 어떻게 완전한 신이 불완전한 세계를 만들 수 있을까? 신은 선하기 때문에 악을 만들 수 없습니다. 우리는 동의합니다. 신의 완전함은 그분의 무한을 의미합니다. 그리고 '유한한'과 '완전한'이라는 단어는 서로 반대의 뜻을 갖습니다. 베다는 철학자들과 수학자들이 무한을 정의하기 위해 사용하는 단어들로 완전함을 설명합니다.

> *Purnam adah purnam idam*
> *Purnat purnam udachyate*
> *Purnasya purnam adaya*
> *Purnam evavashishyate*
> 저것도 완전하고, 이것도 완전하다.
> 완전함은 완전함에서 나온다.
> 완전함에서 완전함을 빼면
> 완전함만이 남는다.

만일 조각가가 한 덩이의 대리석에서 가능한 모든 조각을 만들려 한다면 아무것도 창조되지 않을 것입니다. 창조란 신의 특정한 힘이 유한한 시공간에 발현되었음을 의미합니다. 창조가 유한하면서도 완전할 수는 없습니다. 만일 그렇다면 힘, 샥띠, 포텐시아가 완전한 존재 안에 발현되지 않고 남아 있을 것입니다. 현상의 유한성은 본래적인 창조과정이므로 모든 시간과 공간에 똑같은 완전함으로 모든 샥띠를 드러내려 한다면, 창조가 아니라 우주의 파멸이 됩니다. 악은 창조의 유한한 특성들 사이의 관계, 상대성 안에만 존재합니다. 상대성이 완전함의 실재 토대 속으로 사라질 때 악몽조차 없을 것입니다.

다른 전통에서는 어머니가 다섯 가지 일을 한다고 말합니다. 창조(스리슈띠 srishti), 보존(스티띠 sthiti), 파괴(삼흐리띠 samhriti), 숨김(띠로다나 tirodhana), 그리고 동정심 많은 자비(아누그라하 anugraha). 많은 것을 부정해야만 한 가지 특정한 것을 드러낼 수 있으므로 신의 창조는 그녀의 숨기는 힘에 의한 것이며, 신은 자신이 창조한 것을 보존하거나 그녀의 가슴으로 되가져가서 파괴하기도 합니다. 어떤 이에게는 신의 완전함이 가려져 있으나 진정으로 구하는 자들에게는 신의 참 본성을 보는 은총이 내립니다.

베단따 철학에서는 신의 능력 중에 무지 ajnana가 영구히 내재한다고 여깁니다. 신은 수많은 분야를 섭렵한 위대한 지성에 비견할 수 있습니다. 그가 힘든 수학문제를 풀 때, 그의 시심은 잠들어 있습니다. 그는 자신의 시적인 능력을 외면하며 그 능력을 발현하지 않기로 합니다. 그가 정말로 무지하지는 않습니다. 주어진 시공간에서 자신의 수학적 전문지식만을 드러내기로 선택한 것입니다.

신은 자신의 발현 범위를 제한할 수 있는 의지를 갖고 있습니다. 신이 태양의 존재를 알고, 존재하기를 원하는 그 불완전한 시간과 공간의 한계 안에서 자신의 완전함-무한을 원한다면, 그 즉시 태양은 태양이기를 멈추고 무한 속으로 녹아들 것입니다. 태양이 태양으로 남으려면, 상대적으로 불완전한 시공에 있어야 합니다. 의식 없는 광자의 진동이든, 의식 있는 영혼의 진동이든, 이는 우주의 모든 진동(우주의 모든 것은 궁극적으로 하나의 진동이다.)에 공통된 진실입니다. 현상들 사이의 이런 불완전한 관계를 '악'이라고 부르고 싶다면 그렇게 부르십시오. 악은 불완전한 현상들의 불완전한 관계입니다.

우리가 이 책에서 무지(아갸나 ajnana)라는 용어를 사용할 때는 이렇게 대단히 서술적이고 제대로 정의한 철학적 분별 속에서 무지를 이해해야 합니다. 아갸나는 무지한 신을 가정하는 말이 아니라 특정한 시간과 공간에서 특정한 제한된 지식이 발현될 수 있도록 신의 전지(全知)를 감추는 신의 능력을 가정하는 말입니다. 이는 조각가가 대리석 덩어리에서 하나의 특정한 조각을 드러내기로 선택하는 것과 같습니다.

이때 마야는 두 가지로 갈라지는데, 하나는 아뜨만의 요소 또는 의식적인 개체이며, 다른 하나는 아뜨만이 아닌 요소, 비자아, 무의식, 물질적 요소입니다. 상끼야 철학 용어로는 뿌루샤와 쁘라끄리띠입니다. 〈바가바드기따〉 같은 많은 경전에서도 마야와 쁘라끄리띠를 혼용합니다. 여기서부터 나머지 논리는 베단따 가설과 상끼야 가설이 비슷합니다. 이미 이원성이 존재해 상반되는 양극이 상호작용을 시작하기 때문입니다.

이제 의식적인 개체화 과정의 범주를 살펴봅시다. 여기서 우리는 초월적인 것의 의인화를 다룹니다. 인격신의 이름은 이슈와라, 군주이며, 세 가지 격(格)으로 작용합니다.

Karana Ishvara 신, 우주 너머의 근원
Hiranya-garbha Ishvara 황금자궁, 우주에 편재(遍在)하는 신
Virat Ishvara 그의 몸 자체가 우주인 우주의 신

첫 번째 까라나 이슈와라*Karana Ishvara*는 우주 저 너머의 신에 대한 유대교의 관념과 비슷합니다. 여기서 브라흐만의 마야는 발현되지 않은 진아를 발현하도록 이미 결정되어 있습니다. 이는 결코 변치 않는 브라흐만의 변화를 의미하는 것이 아닙니다. 전에 언급했듯이 바다에 파도가 솟는다고 바다가 커지는 것이 아니며, 파도가 가라앉는다고 바다가 줄어드는 것이 아닙니다. 전 우주의 모든 원소들의 수를 세어보십시오. 그 모든 수는 무한에서 왔지만 무한소만큼도 줄어들지 않습니다. 고대 그리스 철학자들이 처음 정의했던 위대한 본질로부터 수많은 현상이 발현되었지만, 본질 그 자체에는 어떤 변화도 없습니다.

하지만 브라흐만과 까라나 이슈와라의 차이에 대한 철학을 주의 깊게 이해해야 합니다. 브라흐만에는 현상을 향한 작은 동요도 없습니다. 까라나 이슈와라는 본래 원인으로서의 신, 야기(惹起)되는 현상의 본질적 요인을 인정합니다. 즉, 신 자신이 다가올 우주의 원인이 되려고 합니다.

두 번째 히란야가르바 이슈와라, 황금자궁은 우주 안의 신입니다. 달리 말해 우주를 창조한 신이 이제 우주 안에 머뭅니다. 황금자궁은 현상을 신성하게 만드는 영혼입니다. 우주의 가르치는 영혼이기 때문입니다. 황금자궁과 연결되어 있기에 모든 직관적 지식, 영감, 발견이 영혼을 갖게 됩니다. 요기는 제자들과 이 신성한 영혼과의 연결관계를 회복하려 그들을 입문시킵니다. 황금자궁으로부터 모든 다양한 현상이 창조됩니다. 현상은 신의 사지(四肢)와 같습니다. 이제 신은 우리가 우리 몸을 바라보듯이 우주를 바라봅니다.

〈바가바드기따〉 9, 10, 11장에서 비라뜨 Virat로서의 신을 가장 잘 설명하고 있으므로 영감을 높이 고조시키는 이 부분을 읽어보기 바랍니다.

삼위 전체에서 이슈와라는 우주와 제한적 관계를 갖는 인격신이며, 우리는 한시도 빠짐없이 그와 관계를 맺고 있습니다. 비라뜨 단계에서 은하와 별, 행성, 종(種)들의 진화와 역사는 이미 시작된 것이며, 이 비라뜨가 세 가지 본질적 요소로 전개됩니다. 브라흐마 - 우주를 창조하는 신, 비슈누 - 우주를 품고 지속하고 보존하는 신, 쉬바 - 우주를 자기 안으로 소멸시키는 신. 비슈누와 쉬바의 요소들은 육신을 갖게 되고, 그 화신이 전에 우리가 언급했던 아바타라입니다. 비라뜨와 자연의 다양한 힘으로 작용하는 창조와 보존과 파괴의 세 의식적 요소들의 더 작은 섬광은 빛나는 존재, 데바라 합니다. 이 모든 것은 말하자면 의식의 우주적인 불꽃, 찌드-아그니 chid-agni의 불꽃입니다.

우주를 논했으니 이제 개인 영혼에 대해 논의합시다. 몇몇 철학 가설에서는 영혼은 영원히 독립적으로 존재합니다. 상끼야에는 개인적 영혼에 대해 몇 가지 상반되는 내용이 있습니다. 위대한 우주적 영혼과 개인적 영혼이 있지만, 상끼야 철학에서는 개인적 영혼이 우주적 영혼의 섬광인지 분명치 않습니다. 개인적 영혼의 참본성을 발견하는 것은 온전히 요가와 명상수련을 통한 구도자의 몫으로 남아 있습니다.

베단따에서는 개인적 영혼들을 확실히 브라흐만의 섬광으로 봅니다. 개인적 영혼들은 각자 채워야 할 의무와 발견해야 할 진리를 가지고 있습니다. 양대 철학 가설의 목적은 참자아의 발견이며, 그중 베단따는 반복적으로 '그대가 바로 진아'임을 강조합니다. 수많은 생명의 섬광, 개인적 영혼, 즉 지바 jiva들이 쁘라끄리띠와 결합해 까르마를 발생시킵니다. 쁘라끄리띠에 대해서는 후에 설명하겠습니다. 지바들은 사람으로 태어날 수도 있고, 저급한 단계로 떨어질 수도, 고매한 인간이 될 수도, 심지어 빛나는 존재 데바가 될 수도 있습니다. 데바들은 이슈와라가 내려온 것일 수도 있고, 인간 영혼이 진화해 그 상태에 이른 것일 수도 있습니다. 인간이 사마디를 성취하고 참본성에 대한 무지로 야기된 자신의 까르마적 한계로부터 벗어날 때, 인간은 지반-묵따 *jivan-mukta*, 혹은 성취자, 통달한 자, 완전한 자, 싯다가 됩니다. 아바타라와 싯다 사이엔 아무런 차이가 없습니다. 아바타라는 신성한 존재가 내려온 것이고 싯다는 인간이 승화한 것이지만 같은 영적 진화 단계에 이르렀으니 둘의 우주 서열이 같습니다.

신성한 에너지의 영적 능력은 여러 가지 형태로 드러납니다. 근원적인 신, 황금자궁, 우주적 영혼, 비슈누와 쉬바 혹은 그들의 현현이라는 의식의 본질적 요소, 그리고 데바들은 모두 자신을 다음과 같이 드러냅니다.

- 육신을 취하고 살아 있는 존재들 사이에 살며
- 육신처럼 보일 수도 있으나 사실 전혀 고체의 속성을 지니지 않은 단순한 힘의 소용돌이인 순수 에너지체를 취하며
- 아베샤 *avesha*[1]로, 혹은 내재된 영혼의 의식을 통해 아베샤 시기

---
1 몰입이라는 뜻.

에 개인이 신성한 진보단계와 능력을 갖춤으로써

- 헌신하는 자들이 제단을 세우고 위대한 영혼이 나타나기를 진심으로 바라는 신성한 곳에 또는 영성체 같은 성찬식에 출현해 자신을 드러냅니다.

이것이 끝이 아닙니다. 신은 많은 능력을 갖고 있으며, 그의 출현은 헤아릴 수 없이 많습니다. 기독교의 삼위일체처럼 이 모든 현현들이 한 존재입니다. 하나의 현현이 무한에서 비롯해 무한에 머물다 무한으로 돌아갑니다.

하강한 이슈와라 신은 언어상 남성이지만 꼭 그럴 필요는 없습니다. 신에겐 성의 구분이 없습니다. 구도의 길에서 만나는 우주적 존재가 남성일지 여성일지는 구도자 혹은 헌신하는 자에 달려 있습니다. 경전과 전통은 샥띠 혹은 빛나는 여성적 존재인 데비에 경의를 표하며, 각각의 남성 용어에 대응하는 여성 용어가 있습니다. 찬송에서조차 "본래적인 여성성이 없다면 신은 성 불능이다."라고 말하고 있습니다. 포텐시아와 샥띠가 여성이며, 에너지와 신성한 힘을 지칭하는 산스끄리뜨 용어들이 모두 여성입니다.

좀 더 전체적으로 브라흐만에서 여기까지의 개요를 이해

하려면 도표 1을 참조하십시오. 도표 2는 상끼야의 개요를 뿌루샤(베단따의 아뜨만)와 쁘라끄리띠부터 간략하게 보여줍니다.

전에 설명했듯이, 물질적 현상을 전개하는 본질적 요인이 쁘라끄리띠에서 시작되기 때문에 쁘라끄리띠를 종종 베단따의 마야와 같은 것으로 봅니다. 쁘라끄리띠에서 세 가지 구나가 처음 전개됩니다. 달리 말해, 쁘라끄리띠는 개별화된 의식이 개인 또는 인격신이 되는 것을 속박하는 세가닥의 로프입니다. 쁘라끄리띠의 세 가지 구나 guna는 익히 알려졌으나, 간략하게 아래와 같습니다.

> 사뜨바 Sattva: 조화와 순수 그리고 빛의 본질적 요소, 흰색으로 상징됨.
> 라자스 Rajas: 활동, 움직임, 에너지의 본질적 요소, 붉은색으로 상징됨.
> 따마스 Tamas: 타성, 안정 또는 정체, 어둠의 본질적 요소, 검은색으로 상징됨.

이 세 가지 본질적 요소에 대해 더 깊이 이해하려면

〈바가바드기따〉 14, 17, 18장을 공부할 것을 권합니다.

이 세 가지 본질적 요소, 구나*guna*는 원래 쁘라끄리띠 안에 발현되지 않고 완전히 평형을 이루고 있습니다. 의식이 있는 사람이 쁘라끄리띠 내면의 핵심을 움직일 때만 그 평형이 깨져 세 가지 구나들이 상호작용을 시작합니다. 이 세 가지 구나가 마야의 감추고 발현하는 양극단의 힘과 결합해 우주의 모든 물질 현상을 만들어냅니다. 쁘라끄리띠는 이런 식으로 영혼, 즉 인격신 혹은 개인에게 육체를 공급합니다. 하지만 모든 쁘라끄리띠가 물질적 우주가 되려 하지는 않습니다. 쁘라끄리띠의 상당한 부분이 근원적인 신, 까라나 이슈와라의 육체로 역할하기 위해 순수한 관계로 남아 있습니다. 우주가 불균형 상태에 있더라도 그 안에 쁘라끄리띠의 평형을 이루는 힘은 남아 있으며, 창조의 한 주기가 끝나면 불균형 상태의 우주가 다시 균형상태로 돌아옵니다.

태고의 근원(까라나 이슈와라)이 황금자궁으로 전개되면 쁘라끄리띠 안의 동요가 개성 혹은 일련의 개성집단을 가지려는 첫 번째 물질, 마하뜨*mahat*, 마그나*magna*를 만듭니다. 마하뜨는 순수 과학 용어로 '결정되지 않은 물질

상태'라고 볼 수 있습니다. 거기서 미립자라는 에너지의 소용돌이가 만들어지고, 또 그 안으로 용해됩니다. 황금자궁과 마하뜨가 결합해 우주적 개성에 가장 중요한 요소, 우주적 인격이라는 정체성을 가진 우주적 붓디 *buddhi*, 또는 우주적 의식을 만들어냅니다. 이후의 모든 존재들은 이 붓디를 함께 나눕니다. 이 거대한 마하뜨, 우주적 지성 없이는 어떤 개체화도 불가합니다(개체화란 의식적 원리와 무의식적 원리로 이루어진 거대한 우주적 바다에 만들어지는 소용돌이들과 같은 것).

'나', 즉 거짓자아를 형성하는 아함까라 *ahamkara*[2]의 본질적 요소가 마하뜨로부터 전개됩니다. 마하뜨는 우주적 에고이며, 그릇된 동일시 과정이 전부 여기서 구체화됩니다. 잠재된 무한한 힘과는 상반된 제한적 속성을 가진, 이름과 형태를 가진 물리적인 몸에 자신을 귀속할 때 개인은 이것을 '나'라고 말하기 시작합니다. 그러나 우주가 자신의 몸이며, 태양과 행성과 성운이 자신의 손과 발과 입이라는 것을 비라뜨는 진정 알고 있습니다.

빛나는 존재는 쁘라끄리띠의 사뜨바 같은 성질로부터 자신의 몸을 이끌어냅니다. 바이까리까 *vaikarika*[3]로 알려진

---

[2] '나'에 대한 자각: 개인의 정신,감정,심령,육체적인 작용의 중심.
[3] 아함까라와 같은 의미로 쓰임.

사뜨바sattvic 에고가 마음을 만들어냅니다. 일부 권위자들은 인지감각(시각, 청각, 촉각, 미각, 후각, 그리고 손, 발, 발성기관, 생식기관, 배설기관에 속한 행위 감각능력)도 마찬가지로 사뜨바sattvic 에고로부터 비롯된다는 신념을 갖고 있습니다. 따마스tamasic 에고, 부따디bhutadi가 딴마뜨라(tan matras: 다섯 가지 섬세한 성분)[4]를 만들어낸다는 데는 모두가 동의합니다. 사뜨바 에고와 따마스 에고에서 비롯되는 결과를 빚어내기 위해 필요한 행동의 근원이 라자스rajasic 에고라는 데도 모두가 동의합니다. 어떤 권위자들은 마음만이 사뜨바 에고에서 비롯되며, 인지감각과 행동감각은 라자스 에고에서 비롯된다는 신념을 갖고 있습니다(도표 2 참조).

형체가 있고 만질 수 있는 세상의 모든 것들은 섬세한, 더 정밀한 세상에 그에 상응하는 것들을 가지고 있습니다. 예를 들면, 다섯 가지 섬세한 성분, 딴마뜨라는 우리의 시각, 청각, 촉각, 미각, 후각의 배후에 있는 정밀한 요소이며, 감각 접촉으로 대상을 실제 경험하게 됩니다. 이 마뜨라matras(물질matter이라는 단어가 여기서 유래했을지도 모른다.)로부터 다섯 가지 거친 성분; 지, 수, 화, 풍, 공이

---

[4] 다섯 가지 섬세한 성분 –시각,청각,촉각,미각,후각의 배후에 있는 정밀한 요소.

생겨납니다. 이 단어들이 지구행성이나 흐르는 물 등을 지칭하지는 않으나, 물질 자체의 다섯 가지 상태와 우리 심리가 우주를 다섯 가지 물질상태로 인지하는 방식을 나타냅니다. 달리 말해, '거친 요소'는 물질의 고체상태, 액체상태, 연소하고 발광하는 상태, 기체상태, 그리고 공간을 차지하는 상태를 뜻합니다. 공간은 단순히 텅 빈 상태가 아닙니다. 그것은 물질의 실제적인 상태입니다.

이런 것이 음과 양 두 극 사이에서 사뜨바, 라자스, 따마스의 상호작용을 통해 현상을 전개하는 개요입니다. 세상의 모든 사물, 물질의 물리적 혹은 화학적 상태, 그리고 그것에 대한 우리의 정신적 태도는 모두 세 구나와 양극으로 구성됩니다. 논리적 원자론자 니야야-바이쉐시까Nyaya-Vaisheshika는 물리적 우주에 대한 이론 개발자로서 모든 명제는 독립된 단일요소들로 분석할 수 있다는 그들의 이론으로 우주를 해석하기 위해 아홉 가지 본질 - 지(地), 수(水), 화(火), 풍(風), 공(空), 시(時), 차원(次元), 영혼(靈魂), 마음 - 만을 고려했습니다.

개체화와 진화의 모든 단계는 궁극적으로 아무 성질도 갖고 있지 않은 상태, 우빠디스*upadhis*입니다. 아무 성질

도표 1

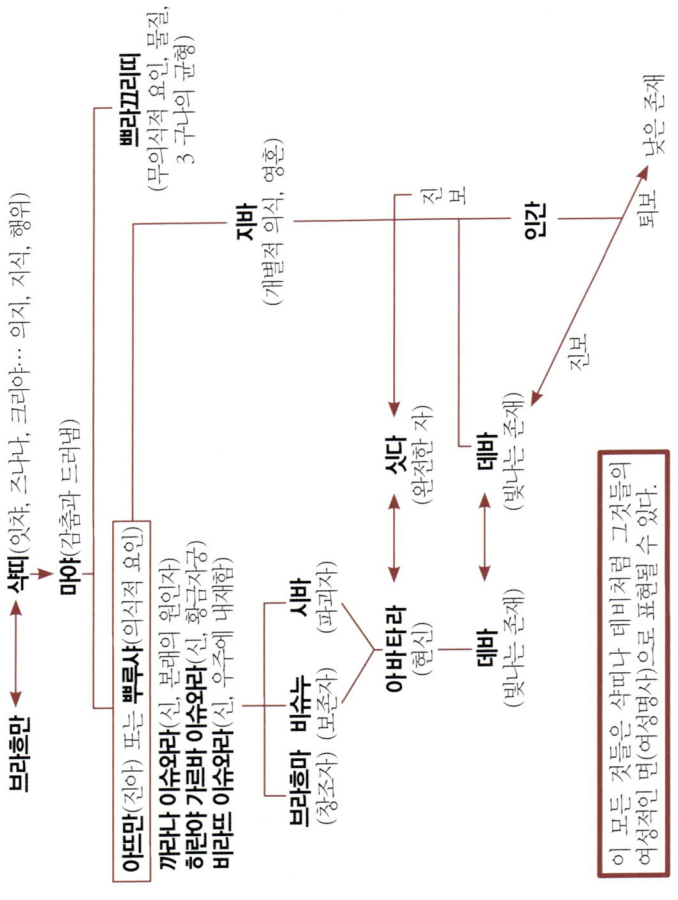

194 GOD

도표 2

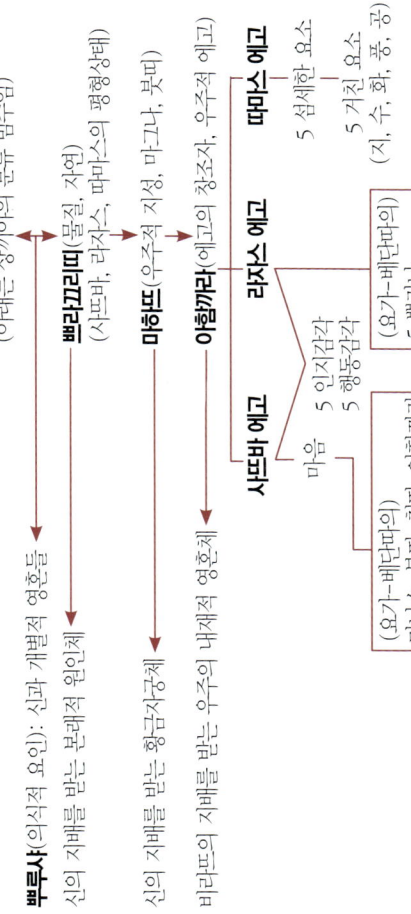

비고
1. 베딘따 철학은 상까야의 주된 범주를 포함한다. 하지만 상까야는 브라흐만의 요소와 그 변화를 포함하지는 않는다.
2. 요르베 담은 (상까야학파에 따른)부수적 요소의 경계를 보여준다; 우주의 물질적 원인을 사용하지 않고 있다.
3. 진한 덤은 (베딘따에 따른) 붓은 개성을 취하며, 의식적 요소의 개별적인 변화를 보여준다; 우주의 능동적인 원인을 사용하고 있다.
4. 냐야-바이셰시까학파의 철학자들은 아홉 가지 본질에 대해서만 노의한다: 지, 수, 화, 풍, 공, 시, 상, 마음, 영혼(그리고 신). 그들의 가성은 매락 기원전 7세기에서 17세기 사이에 개발되었으며, 성 토마스 아퀴나스의 신학과 대단히 유사하다; 신의 존재에 찬성하는 그들의 노쟁은 가독교 신학의 그것과 상당히 비슷하다.

창조의 틀 195

도 갖고 있지 않은 니르구나*nir-guna*가 구나들이 부여되어 특성을 가진 사구나*saguna*가 되는 과정 전부가 우빠디스입니다. 이 과정은 특성을 부여하는 과정, 아디야로파 *adhyaropa*라고 합니다. 이에 따르면, 반짝이는 조개에 부여된 은빛 반짝임처럼 우주는 신에게 부여된 것입니다. 부여된 성질이 바른 지식을 통해 사라질 때 결코 구속된 적이 없던 자유를 다시금 인식하게 됩니다.

의식 세계와 무의식 세계 사이의 대단히 복잡한 관계는 아래의 용어들로 정의할 수 있습니다.

- 양극(兩極)
- 신성(神性)의 삼위(三位)(근원, 황금자궁, 비라뜨)

    각각의 쁘라끄리띠, 마하뜨, 아함까라와 관련하여.

- 다섯 가지 우주적 껍질
- 다섯 가지 개별적인 껍질
- 세 가지 우주적인 몸
- 세 가지 개별적인 몸

명상수련과 우리에게 스며들어 우리를 채우며 결코

사라지지 않는 신성한 본성에 대한 완전한 복종(내맡김)을 통해서만 물질세계의 제한조건과 그렇게 제한된 의식요소 사이에 존재하는 그릇된 정체성을 깰 수 있습니다.

섬세한 세계와 거친 세계의 관계, 개별존재의 의식 상태와 다섯 껍질과 세 몸과 우주적 존재 사이의 관계를 설명하기 위해 15세기에 살았던 샹카라짜리야 계보의 한 승려, 요기 사다난다Sadananda의 서론, 〈베단따사라Vedantasara〉에서 발췌한 몇 구절을 소개합니다.

1. 중첩(superimposition, 겹쳐짐)이란 실재에 실재가 아닌 성질이 있다고 여기는 것이다. 실재는 하나의 브라흐만: 존재-의식-지복이다. 무지 같은 무의식 요소들은 전부 실재가 아니다. 참다운 실재의 무지가 도움이 된다고 한다. 그 무지는 지식의 반대로, 세 가지 구나로 이루어져 있으며 존재나 비존재와는 별개이나 정의할 수도 없다.

2. 이런 무지는 그것이 우주적 집합체에 속하는지 아니면 개체에 속하는지에 따라(우주적인, 총체적인) 하나, 또는 다양한 여럿으로 취급된다. 많은 나무가 모여 숲이 되고, 많은 물이 모여 저수지가

되듯, 다양하게 나타나는 영혼의 경우도 마찬가지여서 집단 무지는 공통된 것이다. 고매한 존재와 관련 있는 상태, 이 우주적 무지 상태는 순수한 사뜨바가 우세한 상태다.

3. 우주적 무지 상태에서 의식이 뜻하는 것은 이슈와라, 인격신, 우주의 원인자, 편재자, 발현되지 않는 자, 모든 것을 아는 자질을 부여받은 자, 전능한 자, 모든 것을 제어하는 힘이다. 모든 무지를 비추는 자이기 때문에 의식을 그렇게 부른다. 이 고매한 존재의 빛이 모든 낮은 상태를 계몽한다.

4. 인격신, 이슈와라의 우주적 무지는 모든 것의 원인이기 때문에 우주적 원인체라 한다. 이 우주적 무지는 그 넘치는 행복 때문에, 또 그것이 껍질처럼 실재를 덮고 있기 때문에 아난다마야 꼬샤 *anandamaya kosha*라고 부른다. 여기서는 나머지 모두가 멈추는, 우주적 잠 상태가 우주적 무지다. 같은 이유로 우주적 무지를 '모든 거칠고 미묘한 개요(쁘라빠네하 *prapaneha*)가 사라지는 곳'이라 부른다.

5. 다양한 구성요소들로 인해 하나의 숲을 '나무들'이라고 부르듯,

많은 물로 하나의 저수지를 이루듯, 개별화된 존재들에 관해서는 우주적 무지도 다양하게 표현된다. 이 개별적 무지, 낮은 존재와 관련된 상태는 탁해진 사뜨바가 우세한 상태다.

6. 그런 무지로 조건이 주어진 의식을 쁘라갸*prajna*라고 한다. (그 의식의 지식이 제한적이며, 그것은 '권위가 전혀 없는'과 같은 속성의 주체이기 때문이다.)

7. 쁘라갸는 아함까라*ahamkara*의 근원이므로 쁘라갸를 개별적 원인체라 한다. 넘치는 기쁨 때문에, 쁘라갸가 껍질처럼 실체를 덮고 있기 때문에 쁘라갸를 지복의 껍질이라고도 부른다. 쁘라갸는 개별적 잠 상태이며, 여기서는 다른 모든 것이 멈춘다. 같은 이유로 '거친 몸과 섬세한 몸의 경험이 용해되는 곳'이라 부른다.

8. 이 상태에서 이슈와라(인격신)와 쁘라갸(무지한 영혼) 모두 의식으로 일깨워지는 대단히 섬세한 무지의 파동 때문에 기쁨을 경험한다. 그런 기쁨은 잠에서 깨어 "아무것도 모르고, 달콤한 잠을 잤다."고 할 때 나타난다. (그는 분명 무지의 기쁨을 누린 것이다. 무지는 의식으로 일깨워지고 그런 의식이 없으므로 꿈을 관찰할

수 없었다.)

9. 이 무지의 우주적 요소와 개별적 요소의 관계는 숲과 나무, 저수지와 물의 관계와 같은 것이다.

10. 숲에 포함된 공간과 나무들의 공간이 같은 공간이듯, 저수지에 비친 하늘과 여러 가지 물에 비친 하늘이 같은 하늘이듯, 이런 무지를 가진 이슈와라(인격신)와 무지한 지바(영혼)는 여전히 같은 것이다.

11. 초의식적 본성(깨어 있음, 꿈, 그리고 잠을 넘어선 네 번째 상태 뚜리야*turiya*[5])은 제한된 숲 또는 나무들이 차지하는 공간의 거대한 토대로 무한하고 조건 없는 공간과 같으며, 저수지 혹은 여러 가지 물에 비친 하늘과 같다. 제한된 공간은 나눌 수 없는 거대한 공간에 가한 제한조건일 뿐이다. 토대로서 초의식적 본성에 가해진 제한조건은 우주적 무지와 개별적 무지이며, 그 결과가 인격신(이슈와라)과 개별영혼(쁘라갸)이다.

12. 무지로 제한된 의식과 구분되지 않으면, 네 번째 상태, 순수

---

5 의식의 네 번째 단계로 깨어 있고, 잠자고, 꿈꾸는 세 가지 일상적인 의식에서 진보한 초의식 상태이다. 뚜리야는 모든 요가가 궁극적으로 지향하는 것이며 이 단계에서 개별적 자아는 우주적 대아(大我)와 합치되어 신과 하나가 된다.

초의식은 불과 철이 분리될 수 없는 빨갛게 달궈진 쇠구슬과 같다. 이것이 위대한 언명 "그것이 너다(That Thou Art)."에 함축된 의미다.

13. 무지maya는 두 가지 힘을 갖고 있다. 가리는 힘과 발현하는 힘. 가리는 힘은 미약하지만 해를 가릴 수 있는 구름과 같다. 그러므로 무지는 제한적이어도 이 세계에 속하지 않는 무한한 진아(아뜨만)의 능력을 가린다. 관찰자의 지성(붓디)을 방해해 그렇게 한다. 아뜨만이 무지의 장막으로 가려지면, 마치 관찰자의 시야가 무지의 영향을 받을 때 밧줄이 뱀으로 보이듯 아뜨만은 배우가 되고 숙련공이 되고 행복해지고 불행해지는 등의 가능성을 생각하기 시작한다.

14. 발현하는 힘은 밧줄에 대한 무지와 같다. 무지의 본래 능력에 의해 밧줄을 보고 뱀으로 오인한다. 마찬가지로 무지의 본래 능력에 따라 무지에 가려진 자아 안에 공간 등의 개념을 만들어내는 힘이 생긴다. 무지의 발현하는 힘이 링가(linga, 섬세한 몸)에서 시작해 전 우주로 진보하는 완전한 우주를 창조한다.

15. (가리는 능력과 발현하는 능력을 모두 가진) 무지로 제한된 의

식은 의식이 우세할 때 효율적인 원인으로 작용한다. 우빠디스(한계 또는 조건)가 우세할 때는 의식이 물질적인 재료로 작용한다. 이는 스스로가 효율적인 원인이면서도 그 몸의 사용을 고려할 때 거미줄의 물질적인 재료가 되는 거미와 같다.

16. 무지로 인해 제한된 의식에서 공간이 생겨난다. 따마스가 우세할 때 무지의 발현하는 능력을 통해 공간이 생긴다. 이런 공간에서 공기와 다른 모든 요소들이 비롯된다. 혼합되지 않으면 이 요소들은 거친 요소들의 작은 단위일 뿐이며, 섬세한 요소(딴마뜨라 *tanmatra*)라 부른다. 이 섬세한 요소들로 섬세한 몸과 거친 요소들이 만들어진다.

17. 섬세한 몸을 링가 샤리라(*linga-sharira*, 문자적으로는 몸의 흔적)라 하며, 열일곱 가지 요소를 갖고 있다. 다섯 가지 인지감각, 다섯 가지 행위감각, 다섯 가지 쁘라나, 지성-붓디, 그리고 마음-마나스 *manas*. 칫따(마음의 재료)와 아함까라(에고)는 붓디와 마나스에 포함된다. 마나스, 붓디, 칫따 그리고 아함까라는 빛나기 때문에 요소들의 사뜨바 같은 부분의 산물로 본다.

18. 인지감각과 결합된 붓디(지성)는 껍질처럼 실재를 덮기 때문에 제한적인 지식의 껍질, 비갸나마야 꼬샤[6] *Vijnanamaya kosha*라고 한다. 개별적인 자아는 이 껍질을 통해 마치 자신이 기쁨과 고통을 경험하는 존재인 것처럼, 이 세계와 다음 세계를 통해 이전하는 행위자인 것처럼 자신을 독단적 실재로 오인한다.

19. 인지감각과 결부된 마음을 정신적 껍질, 마노마야 꼬샤 *manomaya kosha*라 한다.

20. 행동감각과 결부된 다섯 가지 쁘라나가 쁘라나의 껍질, 쁘라나마야 꼬샤 *pranamaya kosha*를 구성한다. 그 활동적인 성질 때문에 라자스가 우세할 때 발현하는 능력의 결과를 쁘라나라고 한다.

21. 이 껍질 중 비갸나마야 *Vijnanamaya*는 브라흐만의 지식의 힘, 갸나-샥띠 *jnana shakti*를 갖고 있으며, 이는 행위와 인과의 대리자다. 마노마야 껍질은 브라흐만의 의지, 잇차-샥띠 *iccha-shakti*를 갖고 있으며, 이는 행위와 인과의 도구다. 쁘라나마야 꼬샤는 브라흐만의 행동하는 힘, 끄리야-샥띠 *kriya-shakti*를 갖고

---

[6] 꼬샤: 껍질.

있으며, 이는 행위와 인과의 결과다. 스승들은 껍질은 효능에 따라 구분된다고 말한다. 이 세 껍질을 합해 섬세한 몸이라 한다(도표 3 참조).

22. 이런 관점에서 모든 것의 섬세한 몸은 숲이나 저수지를 하나라고 생각하는 것과 같이 단일하고 보편적인 것인데, 다른 측면에서 그것을 다양한 것으로 생각하면 나무나 개별적 물처럼 하나하나의 개별적 존재에 속한 것일 수도 있다.

23. 우주적 조건에서 보면, 이런 의식은 모든 *자아의 실*(수뜨라-아뜨만 *sutra-atman*), 황금자궁 그리고 우주적 쁘라나라고도 한다. 의식이 모든 것을 꿰어 엮으며, 그 안에 지식과 의지와 행동의 힘을 갖고 있기 때문이다.

24. 세 껍질(비갸나마야, 마노마야, 쁘라나마야)의 우주적 집합은 거친 윤곽에 비해 더 섬세하다. 그러므로 '세 껍질의 우주적 집합'을 '거친 윤곽이 소멸되는 곳'이라 한다.

25. 똑같은 의식을 개체로 한정하면 빛나는 존재, 따이자싸

*taijasa*라 한다. 의식이 정신적 진행에 속한 내적 감각과 결합해 내적 감각을 비추기 때문이다. 세 가지 꼬샤들로 이루어진 이 개별적 상태가 거친 몸보다 섬세해 개별적인 섬세한 몸이라 한다. 깨어 있는 상태의 인상을 기억하고 있기에 이 상태를 '꿈 상태'라고도 하며, 거친 몸이 녹아드는 곳이라고도 한다.

26. 그 상태에서 수뜨라-아뜨만(우주적 섬세한 몸)과 따이자싸(빛나는 개별적 섬세한 몸)는 마음의 섬세한 작동을 경험한다. 숲과 나무의 구분을 통해 인위적으로 제한된 무한한 공간처럼, 물에 비친 하늘처럼, 우주적인 섬세한 몸과 개별적인 섬세한 몸, 수뜨라-아뜨만과 따이자싸는 초의식 안에서 나눌 수 없는 하나다.

27. 우주적 하나의 관점으로 보느냐 아니면 개별체의 관점으로 보느냐에 따라 거친 요소들, 지수화풍공(地水火風空)과 그 요소들의 속성(소리, 촉감, 형태, 맛, 냄새)은 요소들의 거친 대상 그리고 여러 가지 살아 있는 존재들의 거친 몸과 다양하게 뒤섞인다. 숲과 나무, 저수지와 물의 예에서 보듯 거친 몸은 우주적인 하나가 될 수도 있고, 개별적으로 분리될 수도 있다. 하나의 우주라는 가정에서 보면, 이 의식이 모든 사람을 통해 자신의 정체를 내보이기 때

도표 3

몸	구성	해당 꼬샤(겹집)
까라나 샤리라 (원인체) **링가 샤리라** 또는 **수슈마 샤리라** (섬세한 몸) (흔적체)	**마야** 또는 **뽀라끄리띠** 1. 마나스 (동적 마음) ┐ 2. 붓띠 (지성) ┘ 이 둘은 칫따(우주적 마음의 재료)와 아함까라(에고)를 포함한다. 3. 5가지 인지감각의 힘 4. 5가지 행동감각의 힘 5. 5가지 쁘라나, 생명력장	**아난다마야**: 무지적 지복의 겹집 **비갸나마야**: 제한적 지식의 겹집; 인지감각과 결합된 붓띠 (지성) **마노마야**: 정신적(심적)과정의 겹집; 인지감각과 결합된 마음 **쁘라나마야**: 생명과정의 겹집; 행동감각과 결합된 생명력장
스툴라 샤리라 (거친 몸)	물리적 요소들	**안나마야**: 음식 섭취로 흡수된 것들로 구성된 겹집

※사리라(sharira: 몸(체)

도표 4

음성

브라흐만(존재 – 이식 – 지복)
무한, 절대, 초월; 개성의 한계를 초월함: 제한없고, 정량적이나 수성이 없음. 나르구나

투리야 변함없는 이식, 순의식

무한을 가리는 **마야**를 담고 있음. 유한성을 발현함

브라흐만에 부가된 짓들:
제한적인, 조건부의, 부가된 사구나 이식

까라나 이슈와라:
본체적 원인자로서의 신;
하나가 된 무한;
경험적인 우주를 창조할 준비된 초월자;
관계대상과의 관계로 들어가는 절대자

히란야가르바 이슈와라:
황금자궁 또는
수프라므만 빠라나: 전 우주를 통해 그리고 모든 영혼(닭) 등을 통해 흐르는 생명의 신
성령
예닷이 되는 하나
가르치는 영혼
축성하는 존재

비라뜨 이슈와라:
형체가 주어진 전 우주적 영혼 또는
바이슈바나라: 모든 개성들의 통일
된 (공통적) 개성
전 우주를 신의 몸으로 여김; 전 우주적인 몸의 수많은 팔다리들이 하나의 영혼에 속해 있다. (바가바드기따 9–11장 참조)

이것들에 대응되는 것을 보려면 이어지는 도표 5를 보세요. 형체가 주어진 빠라끄리띠의 맨면들, 육신, 감질, 구나, 우주적 의식의 요소에 관한 의식상태, 개별의식(지바, 영혼–닭)에 관한 의식상태 등.

창조의 틀 207

도표 5

브라흐만

사구나 (제한적인, 조건부의)

→ 히란야-가르바 이슈와라: → 비라드 이슈와라:

→ 까라나 이슈와라:

신의 의식에 붙은 이름	까라나 이슈와라: 본래의 근원으로서의 신; 나가떨 무한; 정형적 우주를 창조할 준비된 조합자; 관계대상과의 관계 속으로 들어가는 절대자	히란야-가르바 이슈와라: 황금자궁 또는 수프라멘탈 빠다나: 전 우주와 모든 영혼을 통해 흐르는 생명의 실. 생명 여럿이 되는 하나 가르치는 영혼(마음) 축성하는 존재	비라드 이슈와라: 형태가 주어진 우주적 영혼 또는 바이슈바나라: 모든 개성들의 통일된 개성 전 우주를 신의 몸으로 여김; 이 전 우주적 몸이 수많은 팔과 다리들의 하나의 영혼에 속함. (바가바드기따 9-11장 참조)
구체화된 빠라끄리띠의 모습	쁘라끄리띠: (주구나의 평형상태)	마하뜨: (최초의 전개; 의식속에 개인적인 전체 성을 확립 시키는 도구: 나의 창조자)	아함까라: (우주적 에고; 의식 시키는 도구: 나의 창조자)
몸	까라나 샤리라 (우주적 원인체)	링가 샤리라 또는 숙슈마 샤리라 (우주적인 섬세한 몸)	스툴라 샤리라 (우주적인 기쁨)
겹질	아난다마야 꼬샤: (무지의 지복의 겹질, 더 이상 조합적인 브라흐만이 아님; 브라흐만은 인력신의 몸)	비갸나마야 꼬샤: (제한적인 인식(지식)의 겹질) 마노마야 꼬샤: (장시(심리)작용(과정)의 겹질) 쁘라나마야 꼬샤: (생명작용(과정)의 겹질)	안나마야 꼬샤: (음식으로 만들어진 겹질(창조의 주기가 끝날 때 다시 소멸되는 주).)
구나	순수 사뜨바	라자스	따마스

우주적인 의식 속의 사구나(신)

208 GOD

			우주적인 깨어남
의식상태	우주적인 잠: 아직 창조되지 않은 우주, 누워 있는 휴면상태	우주적인 꿈	
의식에 상응하는 상태	쁘라갸 (제한적 지식의)	따이자사: 빛나는(우리의 자신에 대한 무지가 의식적 자아의 빛을 반사하는 굴속의 빛처럼)	비슈바: 들어간 자(거친 몸에 들어간 섬세한 몸)
몸	까라나 샤리라 개인적 원인체	링가 또는 숙슈마 샤리라 개인적 섬세한 몸: 모든 경험, 행위, 인상, 삼스카라, 까르마와 그 결과들의 저장소; 환생 (윤회)의 수단	스툴라 샤리라 개인적 육체: 개인의 구성(관념)으로 만들어지며 죽음으로 소멸됨.
겹질	아난다마야 꼬샤: 지복의 겹질	비갸나마야 꼬샤: 제한된 지식의 겹질 마노마야 꼬샤: 정신(마음작용(과정))의 겹질 쁘라나마야 꼬샤: 생명작용(과정)의 겹질	안나마야 꼬샤: 음식으로 구성된 몸
구나	배튼은 사뜨바	라자스 개인적인 꿈	따마스 개인적인 깨어 있음
경험되는 의식	개인적인 잠: 개인의 천성이 활동을 멈춘 상태		개인적인 깨어 있음

개인적 의식에 상응하는 존재: 지바뜨만(영혼)

문에 하나의 총체적인 우주적 개성, 바이슈바나라 Vaishvanara라고 한다. 혹은 다양한 방식으로 우주적 현상이 발현될 때 의식이 빛나기 때문에 거대하게 빛나는 개성, 비라뜨 Virat라고도 한다.

28. 우주적 거친 몸은 안나마야 껍질 Annamaya kosha이라 한다. 그것은 음식으로 만들어진다. 우주적 거친 몸은 물질세계의 거친 현상, 곧 녹으면 신이 마셔버리는 음식의 산물이기 때문이다. 거친 대상을 경험하는 매개체이기 때문에 우주적 거친 몸을 깨어 있는 거친 몸이라 한다.

29. 개별화된 존재들의 경우, 똑같은 의식을 '들어온 존재', 비슈바 vishva라 한다. 의식이 섬세한 몸과 에고의 동일시를 포기하지 않은 채 거친 몸에 들어왔기 때문이다. 이것이 개별적인 거친 몸이며, 음식으로 만들어지기 때문에 깨어 있는 안나마야 꼬샤라 한다. 개별적인 거친 몸 비슈바와 우주적인 거친 몸 바이슈바나라 사이엔 차이가 없다. 숲과 나무의 경계로 구분된 제한적 공간처럼, 혹은 물에 비친 하늘처럼 그것들은 하나다.

30. 거친 몸, 섬세한 몸, 그리고 원인체가 우주적 몸과 개별적 몸

을 구성한다. 작은 숲이 많이 모여 하나의 거대한 숲을 이루듯 또는 저수지 여럿을 모아 하나의 거대한 저수지를 만들 듯, 이 셋이 합해져 하나뿐인 우주를 만들기도 한다. 이런 경우 의식은 종속된 숲의 경계로 구분된 하나의 공간처럼, 또는 거대한 저수지를 이루는 작은 저수지처럼, 바이슈바나라부터 이슈와라까지 전부 하나다. 위대한 도식에 영향 받지 않을 때, 뜨거운 쇠구슬처럼 구별하지 않을 때, "이 모든 것이 브라흐만이다."라는 위대한 언명을 통해 이런 의식이 드러난다.

베단따의 범주를 간략하게 정리해봅시다.

브라흐만은 절대적인(온전한) 초월적 존재이며, 그 안에 마야가 머문다.
마야는 숨기는 힘과 발현하는 힘을 갖고 있다.
마야는 (브라흐만을) 의식적 요소(이슈와라, 아뜨만, 뿌루샤)와 무의식적 요소(쁘라끄리띠)로 세분된다.
의식적 요소는 신(까라나, 히란야-가르바, 비라뜨)과 영혼이 된다.
무의식적 요소가 우주적 몸과 개별적 몸을 낳는다.

가장 근본적인 원인자로서의 신, 까라나 이슈와라는 쁘라끄리띠(세 가지 구나들의 평정상태)를 몸으로 삼는다. 까라나 이슈와라는 무지라는 지복의 껍질(아난다마야)을 두르고, 한계가 있으며, 전 우주를 창조하기에 적합한, 우주적 잠에 머물러 있는 우주적 원인자다. 이 단계에서는 우주적 의식이 오로지 사뜨바하다. 이 의식 단계의 개별 영혼(지바)을 제한적 지식을 가진 쁘라갸라고 한다. 쁘라갸는 개별적 원인체와 지복의 껍질을 두르고, 개인적 잠에 머물러 있으며, 그들의 의식은 사뜨바하게 얼룩져 있다.

히란야-가르바, 황금자궁, 또는 수뜨라-아뜨만(영혼의 실)은 범위가 한정된 쁘라끄리띠의 마하뜨*mahat* 상태를 몸으로 삼는다. 비갸나마야, 마노마야, 쁘라나마야, 세 가지 우주적 껍질로 구성되는 우주적 섬세한 몸이라는 관점에서 히란야 가르바는 우주적 꿈에 머물러 있으며, 그 의식은 라자스*rajasic* 성질이다. 이 의식단계의 개인적 영혼(지바)들은 의식이 그들의 무지를 비추기 때문에 따이자사(*taijasa*: 빛나는)라 한다. 지바들은 개인적 꿈에 쌓여 있으며, 그들의 의식은 라자스 성질이다.

섬세한 몸은 다음의 요소들로 구성된다. (1) 마음-마나스 (2) 지성-

붓디(이 둘은 칫따와 아함까라, 즉 마음의 재료와 에고를 내포한다.) (3) 다섯 가지 인지감각 (4) 다섯 가지 행동감각 (5) 다섯 가지 쁘라나. 섬세한 몸은 다음의 세 가지 껍질의 집합이다.

제한적 인식의 비갸나마야 껍질은 인지감각과 결합된 붓디로 이루어지며, 브라흐만의 지적인 힘이 지배적이다. 이것이 자아가 스스로를 행위와 인과의 주체로 생각하게 만든다.
마음의 마노마야 껍질은 인지감각과 결합된 마음으로 이루어지며, 브라흐만의 의지력이 지배적이다. 이것은 행위와 인과의 수단을 다루는 동안 스스로를 그 수단으로 여기게 만든다.

생명력의 쁘라나마야 껍질은 행동감각과 결합된 쁘라나로 이루어지며, 브라흐만의 행동력이 지배적이다. 이것은 자아가 스스로를 행위와 인과의 결과로 여기게 만든다.

우주를 상징하는 영혼 비라뜨, 혹은 바이슈바나라는 우주적 에고 아함까라를 몸으로 삼는다. 우주적 거친 몸이라는 관점에서 볼 때, 비라뜨는 음식으로 만들어진 안나마야 껍질을 두르고, 우주적으로 깨어 있는 상태에 머물며, 이 단계의 우주적 의식은 따마스적이다.

이 의식단계의 개인적 영혼(지바)을 비슈바vishva라 한다. 비슈바는 음식으로 만들어진 개인적 껍질을 두른, 거친 몸에 들어간 섬세한 몸이다. 그들의 의식은 따마스가 지배적이다.

이쯤에서 요기 사다난다Sadananda의 저서 〈베단따 사라〉의 구절을 마치고 샹까라의 관점에 근접한 그의 논의를 좀 더 요약하겠습니다.

어떻게 무지한 존재가 "나는 이것이다." 같은 관념을 가장 내면의 자아에게 중첩하는지 설명해봅시다. 예를 들어, 아주 경험이 없는 사람 같으면 관계를 시작할 때 이렇게 말할 것입니다.

"내 아들은 나 자신이다. 그가 의욕이 넘치면 나도 그렇게 느끼고, 그가 의기소침하면 나도 그렇게 느낀다."

그런 사람들 중에 그 귀한 아들을 훨훨 불타는 집에 두고, 후에 "나는 날씬해. 나는 뚱뚱해." 이렇게 말하면서 아들이 아니라 자기 육신이 진정한 자아라고 말하는 사람들이 있습니다. 그들은 육신을 자아라고 여깁니다. 어떤 이들은 감각을 자아라고 여깁니다. 감각이 없거나 몸이 움직이지 않는 것을 보고 이렇게 말합니다.

"난 장님이야. 난 귀머거리야."

어떤 이들은 쁘라나를 자아라고 생각합니다. "배고프거나 목마를 때는 쁘라나가 약해져 내가 약해진다."고 말합니다. 여기까지가 유물론자의 다양한 관점을 설명한 것입니다.

어떤 이들은 개성의 미묘한 점들을 더 파고들어 마음을 자아라고까지 생각합니다. "마음이 잠들면 쁘라나와 감각이 활동을 멈추고, 찬반양론 사이를 오가는 나를 알게 된다."고 말합니다. 마음의 이런 작용을 관찰하고 마음을 자아라고 여깁니다. 어떤 이들은 더 깊이 비갸나마야 껍질까지 파고들어 이렇게 말합니다.

"행위의 주체가 없으면 도구는 소용없다. 나 자신이 행위의 주체이자 경험자임을 경험했으므로 자아는 지성, 붓디다."

이것이 불교신자의 관점이라고 합니다. 우리의 깨달음이 더 성장하면 우리는 자신을 아난다마야 껍질과 동일시하는 사람들과 만나게 됩니다. 그들은 지성이 궁극적으로 무지 상태로 소멸됨을 관찰하고, "나는 무지하다. 내겐 지식이 없다."라고 느끼기 시작합니다. 때문에 그들은 무지를 자아라고 여깁니다. 이것이 논리학자들과 미맘사학파[7]의 철학자 쁘라바까라 *Prabhakara*의 관점입니다.

---

[7] 인도의 고전적 정통 육파철학(六派哲學)으로 베단따학파(Vedānta)와 더불어 베다 성전(聖典)을 최고 권위로 절대시하고, 특히 베다 성전의 제사적(祭事的) 부분에 대한 연구·고찰에 주력한다.

하지만 깊은 잠에 들어서는 빛의 유무를 알지 못한다고 말하는 사람들이 있습니다. 그들은 "그 상태에서 나는 자신을 모른다."고 말합니다. 이런 경험에 근거해 자아는 '무지한 상태의 의식'이라 정의합니다. 샹까라와 동시대의 원로이자 미맘사학파의 철학자인 꾸마릴라Kumarila는 이런 관점을 따릅니다. 깊은 잠에서는 모든 것이 완전히 사라진다고 말하는 불교의 다른 학파도 있습니다. 그들은 말합니다.

"잠에서 깨어날 때 거의 존재를 멈추는 것과 같다. 이에 근거해 아뜨만은 수냐shunya, 니힐nihil임이 맞다."

요기, 사다난다는 말합니다. 이 모든 단계의 자각을 비추는(일깨우는) 경지, 거칠지도 않고 자각의 행위자도 아닌 경지, 인지감각도 쁘라나도 마음도 없는, 언제나 순수하고 언제나 지혜롭고 언제나 자유로운 본성에 의한 순수의식의 경지에 이를 때까지 우리는 더 섬세한 것과 동일시하는 경험을 추구해 거친 것과 동일시하는 경험을 차츰 지워나갑니다. 이런 내면의 자각만이 진아의 실재입니다.

인상을 중첩하는 단계를 넘어 우리 의식을 고양하도록, 또 제한적인 에고 때문에 만들어진 거짓 정체성으로부터 우리 자신을 해방하도록 끊임없이 노력해야 합니다. 이런 인상을 넘어선 경지, 아빠바다*apavada*는 적절하고 깊은 묵상 혹은 명상을 통해서만 일어날 수 있습니다. 그 명상 속에서 우리는 각각의 거친 단계를 섬세한 근원까지, 각각의 개인적인 상황을 전 우주적인 통일성까지 추적해 궁극적으로 모든 인식의 틀을 위대한 초의식 브라흐만으로 녹아들게 합니다. 사다난다는 이렇게 자신의 책을 마무리합니다.

> 궁극적으로 신을 깨달은 사람은 여전히 형체를 갖고 있어도 절대(까이발랴*kaivalya*)와 해방(지반-묵띠*jivan-mukti*)에 이른 것이다. 그런 사람은 이미 행해서 그 열매를 잉태한 까르마의 기쁨이나 고통 같은 결과를 완수하도록 몸을 유지하며 작동할 뿐 새로운 까르마를 시작하지는 않는다. 까르마에서 비롯된 기쁨이나 고통의 경험이 때로는 오직 그의 의지의 소산일 수도 있으나, 그는 자기 마음의 내적 감각에 비친 모든 것을 자신의 영혼으로 밝히며 경험한다. 그가 결실 맺기를 완수하면 그것은 끝난다. 그러면 그의 감각과 쁘라나가 브라흐만에 빨려들고, 지식이나 진리조차도 필요 없으며, 지식의 결과로 얻은 원인이나 행위로 활성된 인상(삼스까라)도 필요 없다. 그러면 어떤 다름의 반영도 없는 극상의 절대, 하나의 브라흐만만이 남는다.

이 책에서 우리는 신의 본성을 알아보려 시도했으며, 갈라져 나간 모든 개념을 한데 묶기 위해 고대 요가 베단따 전통에서 택한 견해를 제시했습니다. 이제 우리는 인도의 셰익스피어라고 하는 위대한 산스끄리뜨 시인 깔리다사 Kalidasa가 지은 찬송을 인용할 것입니다. 이어지는 구절을 음미한다면, 묵상하는 마음으로 이 책을 마치게 될 것입니다. 시인 깔리다사가 노래합니다.

빛나는 존재들이 그분의 발아래 엎드려
그들의 적을 달래는 그분을 찬미하나
찬미 받는 그분은
말과 마음 너머에 계십니다.

세상을 처음 창조하고 유지하고 거둬들이는 분
삼위로 존재하는 당신께 경배합니다.
원래 달콤하지만 떨어지는 곳에 따라
다른 맛을 내는 빗물처럼
천성은 불변하지만 구나의 결합으로
당신은 여러 상황을 맞이합니다.

당신을 헤아릴 수 없는데 당신은 세상을 헤아리고

당신은 아무것도 구하지 않으나, 구해진 것을 받아들입니다.

당신은 정복되지 않고 승리를 거두며

당신은 전혀 발현되지 않으나 당신이 그 발현의 원인입니다.

가슴속에 살아 있으면서도 멀리 있고

욕망으로부터 자유로우면서도 금욕수행하고

온정적이면서도 죄 없고

태곳적부터 살았으면서도 썩지 않음을

당신이 그러함을 현자들은 알고 있습니다.

당신은 모든 것을 알지만 누구도 당신을 알 수 없고

당신이 모든 것의 기원이지만 당신은 스스로 존재합니다.

당신이 모든 것의 군주이지만 당신에겐 주인이 없으며

하나이지만 당신은 모든 형태로 나누어집니다.

일곱 개의 태양이 떠오를 때 당신을 찬미하고

일곱 바다 속에서 당신은 쉬며

일곱 개의 불을 당신 입 속에 갖고 있으며

당신은 혼자서 일곱 세상을 떠받칩니다.

네 가지 바르나(*varna*: 사회적 의무)를 가지고
사람이 태어나듯
네 가지 얼굴을 가진 당신으로부터
네 가지 열매(미덕의 법칙, 물질적 삶, 욕망 그리고 해방)와
네 가지 시간(네 개의 유가-영겁)을 가지고
지식이 태어납니다.

해방을 위해 요기들은
수련으로 마음을 단련하여
가슴속에 살고 있는 빛, 당신에게
집중합니다.
누가 당신의 참다운 실재를 알겠습니까
당신은 태어나지 않았지만 세상에 나타나고
움직이지도 않고 악을 멸하며
늘 깨어 있으나 잠들어 있습니다.

소리 같은 대상을 즐기는 힘

가장 어려운 금욕수행을 지키는 힘
자식을 보호하는 힘이 당신 것이지만
당신은 중립적인 목격자로 남아 있습니다.

강가*Ganga*강의 흐르는 물이 바다로 향하듯
다양한 가르침의 수많은 성취의 길이
모두 당신에게 향합니다.

적절한 물러남(삼스까라의 멈춤)을 위해
마음을 당신께 두고 행위를 당신께 맡긴
흔들림 없는 사람들
당신만이 그들의 쉴 곳입니다.

직접인식으로 당신을 알 수도 있겠지만
당신의 영광은 이 땅에 매여 있지 않으니
당신이 추론과 예언자의 계시로 입증된다고
누가 말할 수 있겠습니까.

당신에 대한 그들의 기억만으로

당신이 사람들을 정화시켰으니
모든 행위(그리고 성향)의 결실이
당신께 드리는 제물입니다.

당신의 행위는
바다 속 보석이나
태양의 햇살과 같아서
어떤 성가의 찬미로도 부족합니다.

당신에겐 이루어지지 않은 것이 없지만
여전히 이루려 하십니다.
세상에 대한 자비만이
당신이 태어나고 행하는 이유입니다.
당신의 영광을 노래하다 침묵하는 것은
우리의 피로와 무능함 때문이지
여기가 당신 본성의 한계이기 때문이 아닙니다.
- 〈The Dynasty of Raghus〉 X. 15-32

빛나는 존재들이 그분 앞에 엎드려

모든 것을 떠받치시는 분

모든 방향에 얼굴을 가진 언어의 군주

그분께 의미 있는 말을 건네며 서 있었습니다.

창조 이전의 절대자이며

세 가지 구나를 나눠주며 갈라진

세 가지 형태(삼위)의 당신께

빛나는 존재들이 경배합니다.

당신이 물속에 썩지 않는 씨앗을 심자

세상의 움직이는 것과 움직이지 않는 것들이

그로부터 태어났습니다.

태어나지 않은 분이시여

당신은 세상의 근원이니 영광 받으소서.

하나이지만

당신은 소멸과 연속, 창조의 근원이 되어

당신의 권능을 세 가지 상태로 발산합니다.

창조하기 위해 당신의 형상을 쪼개시니
남자와 여자는 당신의 두 반쪽입니다.
그리하여 그들이 창조물을 탄생시키는 자들
부모가 되었습니다.

당신의 시간의 척도로
당신의 밤과 낮이 나뉘니
당신의 잠과 당신의 깨어남이
만물의 소멸과 탄생입니다.

당신에겐 원인이 없으나 당신이 세상의 근원이며
당신에겐 끝이 없으나 당신이 세상의 끝입니다.
당신에겐 시작이 없으나 당신이 세상의 시작이며
당신에겐 주인이 없으나 당신이 세상의 주인입니다.

자신이 자신을 알고 자신이 자신을 창조하니
스스로 모든 일을 한 후에
당신은 바로 그 자신으로 녹아 들어갑니다.
액체든 고체든, 거칠든 섬세하든

가볍든 무겁든, 발현하든 않든
당신은 스스로를 원하는 대로 만듭니다.

'옴'으로 시작하여
세 음조로 변하는 언어,
사용 자체가 희생이며
결과로 천국을 얻는 언어
그 언어의 근원이 당신입니다.

현명한 자들은 당신을
의식적 요소, 뿌루샤를 위해 기능하는
쁘라끄리띠로 여깁니다.
바로 당신이 쁘라끄리띠의 중립적 목격자임도
그들이 알고 있습니다.

당신은 선조들의 선조
신들의 신
그 이상의 아버지
통치자의 통치자입니다.

당신만이 성직자이자 성체이며

기뻐하는 자이자 영원히 향유하는 자입니다.

인식의 대상이자 인식의 주체이고

최상의 명상대상이자

명상하는 주체입니다.

– 〈The Prince's Birth〉 II. 3-15

  이것이 우리가 할 수 있는 신에 대한 가장 근접한 설명입니다. 우리의 진정한 찬미는 침묵 속에, 우리의 진정한 충심은 '옴' 안에 있습니다. 답을 얻지 못한 질문은 브라흐만에 부여된 모든 거짓 정체성이 정지되고, 오직 무한한 절대만이 남는 깊은 명상 중에 해결될 것입니다. 두 개의 고대 산스끄리뜨 시 구절로 이 논고를 마칩니다.

미세하게 될 수 있는 것 같은 능력들을 지니시고

머리 위에 초승달을 지닌 그분은

누구도 가질 수 없는 이름, 군주, 이슈와라입니다.

그분은

말들이 함께 마차를 끌듯

여덟 가지 요소(지수화풍공(地水火風空), 마음, 지성, 에고)의 힘을

상호 보완하며

이 세상을 떠받치십니다.

그분은 전 우주의 역장에 작용하는 힘입니다.

요기들은 그분에게 집중합니다.

지혜로운 자들이 이르기를

그분의 자리는 속세의 윤회로 돌아갈 위험이 없습니다.

그분은 당신 안에서

잠자고 명상하는 신(쉬바)입니다.

베단따에서 말하는, 두 세계에 스며 계신 한 존재

다른 이는 감히 쓸 수 없는 이름, 군주, 이슈와라의 주인

생명호흡과 그토록 세심한 자기조절을 통해

구도자들이 내면에서 찾는 그분

헌신의 요가를 통해 쉽게 찾아지는 그분

절대군주이신 그분이 그대를 궁극의 선으로 이끌 것입니다.

국제히말라야명상요가협회(아힘신)

현재 스와미 라마에게 전수 받은 히말라야 전통의 요가와 명상을 수행하는 센터와 그룹들이 세계적으로 활발한 활동을 펼치고 있다. 그의 제자 스와미 웨다 바라띠의 주도로 아힘신(AHYMSIN, Association of Himalayan Yoga Meditation Societies International: 국제히말라야명상요가협회)이라는 국제기구가 조직되었고 한국에는 원주에 한국 지부가 설립되었다.

히말라야 전통의 영적 지도자인 스와미 웨다 바라띠는 KIST 교수 이종원 박사의 초청으로 1989년에 처음 한국과 인연을 맺게 되었고, 1990년부터 한숙자 선생이 원주에서 밝음요가교실을 열고 히말라야 전통의 요가를 보급하기 시작하였다.

스와미 웨다는 그의 제자들과 함께 1999년부터 매년 한국을 방문하여 명상 지도와 강의를 펼치고 있다.

세계 각지에서 같은 내용으로 시행되는 히말라야 전통의 요가 지도자 교육(TTP, Teacher Training Program)은 2001년부터 시작하여 현재까지 성공적인 교육과정이 이루어지고 있는 원주의 한국 지부를 통해 접할 수 있다.

홈페이지 www.wjmedcoop.ewonju.com/club/ttp
　　　(원주의료생활협동조합 → 밝음요가교실)
이메일 ahymsin.korea@gmail.com
전화 033-748-2968
팩스 033-748-2969

스와미 라마 Swami Rama
히말라야 성자들의 계승자

사다나 만디르 아쉬람(Sadhana Mandir Ashram)의 창시자인 스와미 라마는 인도 북부에서 태어나 일찍부터 어린 시절을 히말라야의 현자인 벵갈리 바바와 함께 보냈다. 그는 수도원에서 수도원으로 다니면서 티벳에서 멀리 떨어진 곳에 살던 그의 옛 스승을 포함하여 히말라야의 여러 성자와 현인들의 가르침을 받으며 공부를 하였다. 이런 열정적인 영적 수행에 매진하던 스와미 라마는 인도와 유럽 두 곳에서 보다 높은 차원의 교육을 받았다.

그는 수도승으로는 가장 높은 샹까라짜리야Shankaracharya 지위에 올랐는데 히말라야 전통 수행에 정진하기 위해 그 지위를 포기하였다. 그는 과학적인 실험에 자신이 직접 참가하는 과학자였으며 45권의 저서를 쓴 철학자, 시인, 건축가, 조각가이자 화가였다. 또한 인도 전통 음악에 정통한 음악인이기도 했다.

1969년에 미국으로 건너가서 히말라야 협회를 설립한 스와미 라마는 그 후 인도 서북부 데라둔에 의료 도시를 건설하고 병원과 대학을 설립하여 의료 혜택을 베푼 박애가였다.

스와미 라마는 수많은 제자들과 그들이 수행해야 할 많은 분량의 과제를 남기고 1996년 마하 사마디에 들었다. 생전에 영적 카리스마가 넘친 지도자였지만 어느 곳에서도 그의 동상을 찾아볼 수 없다. 그를 기억하는 많은 사람들은 그의 강력한 카리스마적 사랑에 이끌려 그가 걸을 때면 자신도 모르게 그의 뒤를 쫓는 자신들을 발견하곤 했다고 한다.

리쉬케쉬에 있는 그의 아쉬람에 가면 첫 번째 방문이라 하더라도 특별한 에너지를 경험하고 정신적 고요함에 이끌리는 영감을 받을 수 있다.

히말라야 협회

1971년 스와미 라마에 의해 설립된 히말라야 연구소는 동양과 서양의 최고의 지식들을 결합하여 현대인의 영적 성장과 과학적 진보를 추구하는 비영리 단체다. 이 연구소의 국제 본부는 펜실베이니아 주의 동북부에 위치하고 있다.

스와미 라마는 "자신의 가능성을 인식하고 잠재력을 개발함으로써 개인은 훌륭한 시민이 될 수 있으며, 또한 국가에 이익이 되고 인류에 봉사할 수 있다."라고 했다.

히말라야 협회에서는 개인의 육체적, 정신적 건강과 내면의 성장을 돕기 위해 동서양의 지고한 가르침과 기법들이 망라되어 있는 교육, 치료, 연구 프로그램 및 세미나를 마련하고 있다. 보다 창조적이고 지혜로운 삶을 갈구하여 전 세계에서 이곳을 찾는 학생들은 다양한 학습 프로그램 및 여러 과정에 참여할 수 있다.

웹사이트 www.himalayaninstitute.org